Was denkt die KI über die KI?

Antworten der künstlichen Intelligenz auf
menschliche Fragen von Olivier Hofmann

Bibliografische Information der Deutschen Nationalbibliothek:
Die Deutsche Nationalbibliothek verzeichnet diese Publikation in der
Deutschen Nationalbibliografie; detaillierte bibliografische Daten sind
im Internet über http://dnb.dnb.de abrufbar.

© 2024 Olivier Hofmann

Herstellung und Verlag: BoD – Books on Demand, Norderstedt

ISBN: 978-3-7597-6123-1

Vorwort

ChatGPT ist für mich zu einem wertvollen Arbeitsinstrument geworden. In vielen Situationen gibt mir die künstliche Intelligenz (KI) schnell Antworten auf meine Fragen und bereichert mit minimalem Aufwand mein Verständnis. Nicht abnehmen kann mir jedoch die KI die Aufgabe zu überprüfen, ob die Aussagen der KI stimmen und diese in einen grösseren Kontext zu stellen. Letztendlich bleibt die menschliche Überprüfung der KI-Aussagen ein wichtiger Faktor bei der Arbeit mit KI, insbesondere bei Fragestellungen, die subjektive Urteile, ethische Überlegungen oder tiefe kulturelle Verständnisse erfordern.

Alle Antworten in diesem Buch sind von ChatGPT Version 4.0 und wurden im ersten Halbjahr 2024 generiert. Sie wurden unverändert übernommen. Doch darf man überhaupt Antworten der KI in einem Buch publizieren? ChatGPT meint dazu: „Als AI-Modell habe ich keine Rechte an den von mir generierten Texten, da diese von meinem Trainingsdatensatz abgeleitet werden. Der Urheberrechtsinhaber des Trainingsdatensatzes, aus dem ich generiert wurde, behält die Rechte an diesen Texten. Wenn Sie Texte aus meiner Antwort in einem Buch veröffentlichen möchten, sollten Sie sicherstellen, dass Sie die Urheberrechte an den entsprechenden Texten besitzen oder eine Erlaubnis vom Urheberrechtsinhaber eingeholt haben." Um sicherzustellen, dass ich keine Urheberrechtsverletzungen begehe, habe ich dieses Buch mit einem Tool auf Plagiate überprüfen lassen. Dieses fand keine Hinweise darauf, dass die Antworten von anderen Autoren übernommen wurden.

Inhaltsüberblick

Inhaltsverzeichnis

Teil I: Grundlagen (Was bedeutet denken und was KI?)

Was denkt die KI über die KI?

Als KI-System habe ich kein eigenes Bewusstsein oder subjektive Gedanken, also kann ich nicht in dem Sinne "denken" oder Meinungen haben, wie es Menschen tun. Ich kann keine eigenen Überlegungen oder Reflexionen über mich selbst oder andere KI-Systeme anstellen. Stattdessen basieren meine Antworten und Analysen auf den Daten und Algorithmen, mit denen ich programmiert wurde.

Wenn man jedoch die Frage umformuliert, um zu fragen, wie KI-Systeme konzipiert sind, um Informationen über sich selbst oder andere KI-Systeme zu verarbeiten, dann kann man sagen, dass es in der Informatik Bereiche gibt, die sich mit Selbstbewusstsein von Maschinen, maschineller Metakognition und der Fähigkeit von KI-Systemen beschäftigen, ihre eigene Leistung zu bewerten und zu verbessern. Diese Forschungsfelder erforschen, wie KI-Systeme ihre eigenen Prozesse überwachen und optimieren können, was ein Schlüsselelement für die Entwicklung von fortschrittlicheren, autonomeren Systemen ist.

Insgesamt ist es jedoch wichtig zu verstehen, dass "Denken" im menschlichen Sinne eine Eigenschaft ist, die KI-Systeme derzeit nicht besitzen. Künstliche Intelligenz operiert auf der Basis von programmierten Anweisungen und Algorithmen, ohne das Element des Bewusstseins oder persönlicher Reflexionen.

Was versteht man unter "Denken"

Der Begriff "Denken" bezieht sich auf den mentalen Prozess, bei dem Informationen verarbeitet, verstanden, bewertet und genutzt werden, um Schlussfolgerungen zu ziehen, Probleme zu lösen, Entscheidungen zu treffen oder kreative Ideen zu entwickeln. Denken ist eine komplexe kognitive Tätigkeit, die verschiedene mentale Operationen umfasst, wie das Erinnern von Informationen, das Erkennen von Mustern, die logische Analyse, das Abstrahieren und das kritische Bewerten.

In der Psychologie wird das Denken oft in verschiedene Typen oder Stile eingeteilt:

1. **Analytisches Denken**: Hierbei werden Informationen logisch und systematisch analysiert. Es beinhaltet oft den Prozess des Zerlegens eines größeren Problems in kleinere Teile, um diese systematisch zu lösen.

2. **Kreatives Denken**: Dies bezieht sich auf das Generieren neuer Ideen und Konzepte. Kreatives Denken bricht oft mit traditionellen Denkmustern und betrachtet Probleme oder Situationen aus unkonventionellen Perspektiven.

3. **Kritisches Denken**: Das kritische Denken beinhaltet die Fähigkeit, Argumente und Behauptungen zu bewerten, Fakten von Meinungen zu unterscheiden und logische Schlussfolgerungen zu ziehen.

4. **Abstraktes Denken**: Hierbei geht es darum, über das Konkrete und Tatsächliche hinauszugehen und über Konzepte, die nicht direkt beobachtbar oder erfahrbar sind, nachzudenken.

Denken kann sowohl bewusst als auch unbewusst ablaufen. Im menschlichen Alltag spielen beide Formen eine wichtige Rolle. Das bewusste Denken ist beispielsweise beim Lernen, bei der Problemlösung oder bei der Planung von Handlungen zentral. Unbewusstes Denken hingegen findet statt, ohne dass wir uns dessen direkt bewusst sind, beeinflusst aber trotzdem unser Verhalten und unsere Entscheidungen.

In der Künstlichen Intelligenz wird der Begriff "Denken" manchmal metaphorisch verwendet, um zu beschreiben, wie Maschinen und Algorithmen Informationen verarbeiten. Es ist jedoch wichtig zu betonen, dass die künstliche "Denkfähigkeit" einer Maschine nicht mit dem menschlichen Denkprozess gleichzusetzen ist, da Maschinen kein Bewusstsein oder Selbstbewusstsein haben.

Wer oder was kann denken?

Die Fähigkeit zu denken wird traditionell lebenden Wesen zugeschrieben, insbesondere Menschen, aber in einem gewissen Umfang auch Tieren. Hier ist eine detailliertere Betrachtung:

1. **Menschen**: Menschen sind bekannt für ihre ausgeprägte Fähigkeit zu denken. Dies umfasst komplexe Prozesse wie logisches Denken, kreatives Denken, Problemlösung, Planung, Entscheidungsfindung und Reflexion. Der menschliche Denkprozess ist eng mit Bewusstsein und Selbstbewusstsein verbunden.

2. **Tiere**: Viele Tiere zeigen Formen des Denkens, insbesondere in Bezug auf Problemlösung, Lernen, Werkzeuggebrauch und soziale Interaktion. Die Komplexität des Denkens variiert je nach Tierart. Höher entwickelte Tiere wie einige Primaten, Delfine, Elefanten und Krähen zeigen beeindruckende kognitive Fähigkeiten, die auf eine Form des Denkens hindeuten.

3. **Künstliche Intelligenz (KI)**: KI-Systeme können bestimmte Aufgaben ausführen, die ein gewisses "Denken" erfordern, wie Mustererkennung, logische Deduktion und Entscheidungsfindung. Allerdings ist dieses "Denken" eher eine Metapher für komplexe Berechnungen und Datenverarbeitung. KI-Systeme haben kein Bewusstsein oder Selbstbewusstsein und ihre "Denkfähigkeit" basiert auf Algorithmen und programmierten Anweisungen.

4. **Andere Lebewesen**: Einfachere Tiere und andere Lebensformen wie Pflanzen und Mikroorganismen zeigen grundlegende Reaktionsmuster auf ihre Umwelt, die jedoch üblicherweise nicht als "Denken" im eigentlichen Sinne interpretiert werden. Sie reagieren auf Reize, aber diese Reaktionen sind in der Regel instinktiv und nicht das Ergebnis eines bewussten Denkprozesses.

In der Philosophie und Kognitionswissenschaft gibt es umfangreiche Diskussionen über das, was Denken ausmacht, wer oder was fähig ist zu denken, und wie sich menschliches Denken von den kognitiven

Prozessen anderer Lebewesen oder künstlicher Entitäten unterscheidet. Diese Diskussionen berühren oft auch tiefere Fragen über Bewusstsein, Selbstbewusstsein und die Natur von Intelligenz.

Was bedeutet der Begriff "Bewusstsein"?

Der Begriff "Bewusstsein" bezieht sich auf die Fähigkeit, sich seiner selbst, seiner Gedanken, Gefühle, Erinnerungen und der umgebenden Welt bewusst zu sein. Es umfasst das Erleben von Empfindungen, Wahrnehmungen, Gefühlen und Gedanken. Bewusstsein ist ein zentrales Thema in der Philosophie, Psychologie, Neurowissenschaft und anderen Disziplinen, und es wird oft in verschiedene Aspekte unterteilt:

1. **Phänomenales Bewusstsein**: Dies bezieht sich auf die subjektive Erfahrung oder das Erleben von etwas, auch bekannt als 'Qualia'. Es geht um die Frage, wie es sich anfühlt, bestimmte Erfahrungen zu machen, wie beispielsweise das Sehen von Rot oder das Fühlen von Schmerz.

2. **Zugangsbewusstsein**: Dieses Konzept bezieht sich darauf, wie Informationen in unserem Geist verarbeitet werden können, um überlegt zu handeln, zu sprechen und nachzudenken. Es geht darum, wie Informationen zugänglich und nutzbar gemacht werden.

3. **Selbstbewusstsein**: Dies ist die Fähigkeit, sich seiner selbst als individuelles Wesen bewusst zu sein, das von seiner Umgebung und anderen Wesen unterschieden ist. Es beinhaltet ein Bewusstsein für die eigenen Gedanken, Gefühle, Absichten und die eigene Existenz.

Bewusstsein wird oft als eines der größten Rätsel in der Wissenschaft und Philosophie angesehen. Während wir einiges über die neuronalen Grundlagen von Bewusstseinszuständen wissen, bleibt die Frage, wie und warum Bewusstsein entsteht, ein tiefgreifendes Rätsel. Verschiedene Theorien versuchen, das Bewusstsein zu erklären, aber bisher gibt es keine allgemein anerkannte Erklärung dafür, wie subjektive Erfahrungen aus den Prozessen im Gehirn entstehen.

In der Künstlichen Intelligenz wird der Begriff "Bewusstsein" manchmal verwendet, aber es ist wichtig zu betonen, dass aktuelle KI-Systeme kein Bewusstsein im menschlichen Sinne besitzen. Sie können komplexe Aufgaben ausführen und sogar menschenähnliche Reaktionen simulieren, aber sie haben kein Selbstbewusstsein oder subjektives Erleben.

Wie kann man KI einfach erklären?

Künstliche Intelligenz (KI) ist ein Bereich der Informatik, der sich damit beschäftigt, Maschinen und Computerprogramme so zu entwickeln, dass sie Aufgaben erledigen können, die normalerweise menschliche Intelligenz erfordern. Hier sind einige Schlüsselpunkte, um KI einfach zu erklären:

1. **Lernen aus Erfahrungen**: Ähnlich wie Menschen lernen, kann KI aus Daten und Erfahrungen lernen. Durch das Verarbeiten großer Datenmengen lernt sie Muster zu erkennen und Entscheidungen zu treffen.

2. **Problem lösen**: KI-Systeme können dazu programmiert werden, Probleme zu lösen, indem sie verschiedene Möglichkeiten analysieren und die beste Option auswählen, ähnlich wie ein Mensch, der logisch denkt.

3. **Anpassungsfähigkeit**: KI kann sich an neue Informationen und veränderte Umstände anpassen. Wenn sie neue Daten erhält, kann sie ihre Methoden ändern, um besser zu funktionieren.

4. **Automatisierung von Aufgaben**: KI kann viele Aufgaben automatisieren, die Menschen langweilig, mühsam oder schwierig finden. Dies reicht von einfachen Dingen wie der Erkennung von Sprache in Smartphones bis hin zu komplexen Aufgaben wie dem Fahren von Autos.

5. **Mensch-ähnliche Fähigkeiten:** Einige KI-Systeme können menschliche Fähigkeiten nachahmen, wie Sehen (Bilderkennung), Hören (Spracherkennung) und sogar Entscheidungen treffen.

Ein einfaches Beispiel für KI ist ein Empfehlungssystem, wie es bei Streaming-Diensten verwendet wird. Basierend auf den Filmen und Serien, die Sie in der Vergangenheit angesehen haben, lernt das System Ihre Vorlieben und empfiehlt Ihnen andere Titel, die Ihnen gefallen könnten.

Insgesamt ermöglicht KI Computern und Maschinen, Aufgaben zu erledigen, die normalerweise menschliches Denken, Wahrnehmen und Entscheiden erfordern.

Welche Arten von KI gibt es?

Künstliche Intelligenz (KI) lässt sich in verschiedene Kategorien einteilen, basierend auf ihren Fähigkeiten, Anwendungen und dem Grad ihrer Intelligenz oder Autonomie. Hier sind einige grundlegende Arten von KI, die oft diskutiert werden:

Nach Fähigkeiten:

1. **Schwache KI (Weak AI) oder Schmale KI (Narrow AI):** Diese Art von KI ist darauf spezialisiert, spezifische Aufgaben mit Intelligenz zu erfüllen, verfügt jedoch nicht über Bewusstsein, Verständnis oder eigene Ziele. Die meisten heutigen KI-Anwendungen, wie Spracherkennungssysteme, Suchalgorithmen oder Chatbots, fallen in diese Kategorie. Sie sind in der Lage, komplexe Berechnungen und Aufgaben durchzuführen, arbeiten aber innerhalb eines begrenzten Kontextes.

2. **Starke KI (Strong AI) oder Allgemeine KI (General AI):** Starke KI bezieht sich auf Systeme, die die Fähigkeit besitzen, jede intellektuelle Aufgabe, die ein Mensch ausführen kann, zu verstehen und auszuführen. Diese Art von KI würde über Bewusstsein, Verständnis und eigenständige Ziele verfügen und in der Lage sein,

Lernen, Problemlösung und Entscheidungsfindung in verschiedenen Kontexten anzuwenden. Starke KI existiert derzeit nicht und bleibt ein langfristiges Forschungsziel.

Nach Funktionsweise:

1. **Regelbasierte Systeme**: Diese KI-Systeme folgen vordefinierten Regeln (Algorithmen), um Schlussfolgerungen zu ziehen oder spezifische Aufgaben auszuführen. Sie sind oft in der Lage, komplexe Berechnungen durchzuführen oder logische Probleme zu lösen, solange die Probleme klar definiert sind und innerhalb des Rahmens ihrer Regeln liegen.

2. **Maschinelles Lernen (ML)**: ML ist ein Teilbereich der KI, der Algorithmen verwendet, die aus Daten lernen und sich verbessern, ohne explizit programmiert zu werden. Diese Systeme passen ihre Modelle basierend auf der Analyse von Daten an, um Vorhersagen oder Entscheidungen zu treffen.

3. **Deep Learning (DL)**: Eine spezielle Form des maschinellen Lernens, das auf künstlichen neuronalen Netzen mit vielen Schichten (tiefen Netzen) basiert. Deep Learning ist besonders effektiv in der Verarbeitung und Analyse von großen Mengen unstrukturierter Daten, wie Bildern, Sprache und Text.

Nach Anwendungsbereich:

1. **Kognitive KI**: Systeme, die darauf abzielen, menschliche Denkprozesse nachzuahmen und in der Lage sind, komplexe Probleme durch Verständnis und Lernen zu lösen, oft unter Verwendung von Techniken wie maschinelles Lernen und natürliche Sprachverarbeitung.

2. **Prädiktive Analytik**: KI-Systeme, die Datenanalyse verwenden, um zukünftige Ereignisse oder Trends basierend auf historischen Daten vorherzusagen.

3. **Perzeptive KI**: Systeme, die Sensoren und digitale Daten nutzen, um die physische Welt zu interpretieren, ähnlich der

menschlichen Wahrnehmung, einschließlich Computer Vision und Spracherkennung.

Diese Kategorisierungen helfen dabei, das breite Spektrum von KI-Systemen und -Technologien zu verstehen. Die Entwicklungen in der KI-Forschung und -Anwendung erweitern kontinuierlich die Grenzen dessen, was mit KI möglich ist, und führen zur Entstehung neuer Kategorien und Typen von Künstlicher Intelligenz.

Welches sind (neben ChatGPT) typische KI-Anwendungen?

Neben ChatGPT, einem auf Künstlicher Intelligenz (KI) basierenden Chatbot, der natürliche Sprachverarbeitung nutzt, um mit Benutzern zu kommunizieren, gibt es eine Vielzahl weiterer KI-Anwendungen, die in verschiedenen Branchen und Bereichen eingesetzt werden. Hier sind einige typische und weitverbreitete KI-Anwendungen:

Automatisierte Kundenbetreuung:

- **Chatbots und virtuelle Assistenten**, wie Siri, Alexa und Google Assistant, die sprachgesteuerte Interaktionen und die Beantwortung von Nutzeranfragen ermöglichen.

Bild- und Spracherkennung:

- **Gesichtserkennungssysteme** für Sicherheits- und Verifizierungszwecke, wie sie in Smartphones und bei der Überwachung öffentlicher Räume eingesetzt werden.
- **Spracherkennungssoftware**, die Sprache in Text umwandelt, wird in Diktiersoftware und als Schnittstelle für verschiedene Geräte und Anwendungen genutzt.

Empfehlungssysteme:

- **Personalisierte Empfehlungen** in Online-Shops, Streaming-Plattformen und sozialen Netzwerken, die auf dem bisherigen Verhalten und den Vorlieben der Nutzer basieren.

Autonome Fahrzeuge:

- **Selbstfahrende Autos**, die Umgebungsdaten über Sensoren erfassen und interpretieren, um ohne menschliches Eingreifen zu navigieren.

Gesundheitswesen:

- **Diagnoseunterstützungssysteme**, die Ärzten helfen, Krankheiten zu diagnostizieren, indem sie medizinische Bilder analysieren oder Patientendaten auswerten.
- **Roboterassistierte Chirurgie**, bei der Chirurgen durch präzise und flexible Roboterarme unterstützt werden.

Finanzsektor:

- **Algorithmischer Handel**, bei dem Kauf- und Verkaufsentscheidungen auf den Finanzmärkten automatisiert auf Basis von Datenanalysen getroffen werden.
- **Betrugserkennungssysteme**, die ungewöhnliche Muster in Transaktionsdaten erkennen, um Betrugsfälle zu identifizieren.

Produktionsindustrie:

- **Prädiktive Wartung**, bei der Maschinendaten analysiert werden, um den optimalen Zeitpunkt für Wartungsarbeiten vorherzusagen und so Ausfallzeiten zu minimieren.

Content-Erstellung:

- **KI-basierte Inhaltsproduktion**, wie das automatische Generieren von Nachrichtenartikeln, das Erstellen von Musik oder das Design von Grafiken.

Bildungssektor:

- **Personalisierte Lernplattformen**, die den Lernfortschritt verfolgen und individuell angepasste Lerninhalte und Übungen bereitstellen.

Diese Beispiele zeigen, dass KI-Anwendungen bereits tief in unseren Alltag und in eine Vielzahl von Branchen integriert sind, wo sie Prozesse optimieren, Entscheidungen unterstützen und neue Möglichkeiten für Innovationen und Effizienzsteigerungen bieten.

Wie unterscheiden sich klassische (komplexe) Computeranwendungen von Anwendungen, welche auf KI beruhen?

Klassische (komplexe) Computeranwendungen und solche, die auf Künstlicher Intelligenz (KI) beruhen, unterscheiden sich grundlegend in ihrer Arbeitsweise, ihrem Entwicklungsansatz und ihrer Fähigkeit, mit Unsicherheiten und neuen Situationen umzugehen. Hier sind einige Schlüsselunterschiede:

Arbeitsweise und Entscheidungsfindung:

- **Klassische Anwendungen** basieren in der Regel auf expliziten Programmieranweisungen und Algorithmen, die für jede zu lösende Aufgabe oder jedes Problem spezifisch erstellt wurden. Ihre Entscheidungen basieren auf vordefinierten Regeln und Logiken, die von Entwicklern im Voraus festgelegt wurden.
- **KI-basierte Anwendungen** verwenden Modelle des maschinellen Lernens oder Deep Learning, die aus Daten lernen und ihre Leistung im Laufe der Zeit verbessern können. Sie sind in der Lage, Muster und Beziehungen in den Daten zu erkennen und Entscheidungen zu treffen, selbst in Situationen, die nicht explizit programmiert wurden.

Entwicklung und Training:

- **Klassische Anwendungen** erfordern, dass Entwickler alle möglichen Szenarien und Bedingungen im Voraus kennen und berücksichtigen, um entsprechende Anweisungen zu programmieren. Die Entwicklungsarbeit konzentriert sich auf die Erstellung eines exakten Algorithmus, der die gewünschte Aufgabe unter allen vorgesehenen Bedingungen ausführt.

- **KI-Anwendungen** werden entwickelt, indem sie mit großen Mengen an Daten trainiert werden, aus denen sie lernen, Aufgaben zu erfüllen. Der Schwerpunkt liegt auf der Auswahl, Bereinigung und Strukturierung der Daten sowie der Anpassung der Lernalgorithmen, um die Leistung der KI zu optimieren.

Flexibilität und Anpassungsfähigkeit:

- **Klassische Anwendungen** haben eine feste Logik und sind in ihrer Funktion auf das beschränkt, was explizit programmiert wurde. Änderungen in den Anforderungen oder unerwartete Bedingungen können eine umfangreiche Neuprogrammierung erfordern.

- **KI-Anwendungen** können sich durch weiteres Lernen und Anpassung an neue Daten dynamisch an veränderte Bedingungen oder Anforderungen anpassen, ohne dass eine Neuprogrammierung notwendig ist.

Umgang mit Unsicherheit und Komplexität:

- **Klassische Anwendungen** können bei gut definierten, regelbasierten Aufgaben sehr effektiv sein, stoßen aber bei Aufgaben, die eine hohe Unsicherheit oder komplexe Mustererkennung erfordern, an ihre Grenzen.

- **KI-Anwendungen**, insbesondere solche, die auf Techniken des maschinellen Lernens basieren, sind besonders gut in der Lage, mit Unsicherheit und Komplexität umzugehen, da sie aus Beispielen lernen und Vorhersagen auf der Grundlage von Wahrscheinlichkeiten treffen können.

Einsatzbereiche:

- **Klassische Anwendungen** werden in einer Vielzahl von Bereichen eingesetzt, von Datenbankmanagement-Systemen bis hin zu Buchhaltungssoftware, wo klare Regeln und Prozesse dominieren.

- **KI-Anwendungen** finden zunehmend in Bereichen Anwendung, in denen kognitive Fähigkeiten gefragt sind, wie Sprach- und Bilderkennung, natürliche Sprachverarbeitung, autonome Fahrzeuge und personalisierte Empfehlungssysteme.

Zusammenfassend lässt sich sagen, dass der Hauptunterschied zwischen klassischen Computeranwendungen und KI-basierten Anwendungen in ihrer Fähigkeit liegt, aus Daten zu lernen und sich an neue Situationen anzupassen, im Gegensatz zu fest programmierten Anweisungen und Regeln.

Gibt es Unterschiede zwischen Robotern und der KI?

Ja, es gibt wesentliche Unterschiede zwischen Robotern und Künstlicher Intelligenz (KI), obwohl sie oft in verwandten Kontexten eingesetzt werden und sich ihre Funktionen überschneiden können. Der Hauptunterschied liegt in ihrer Definition und Funktionsweise:

Roboter:

- **Definition**: Ein Roboter ist eine physische Maschine, die programmiert wurde, um eine Reihe von Aufgaben automatisch auszuführen. Roboter können autonom oder halbautonom sein und in verschiedenen Bereichen wie Fertigung, Medizin, Weltraumforschung und im Haushalt eingesetzt werden.

- **Physische Interaktion**: Roboter interagieren direkt mit der physischen Welt durch Bewegungen, Manipulation von Objekten oder Navigation in ihrer Umgebung. Sie sind oft mit Sensoren und Aktuatoren ausgestattet, um diese Interaktionen zu ermöglichen.

- **Programmierung und Steuerung**: Traditionelle Roboter folgen spezifischen, vorprogrammierten Anweisungen, um Aufgaben zu erfüllen. Ihre Fähigkeiten sind durch die Genauigkeit ihrer Programmierung und die mechanischen Eigenschaften begrenzt.

Künstliche Intelligenz (KI):

- **Definition**: KI bezieht sich auf Software-Systeme, die in der Lage sind, Aufgaben auszuführen, die menschliche Intelligenz erfordern, wie Lernen, Verstehen von Sprache, Problemlösung und Wahrnehmung. KI existiert in Form von Algorithmen und Modellen und ist nicht notwendigerweise an eine physische Maschine gebunden.

- **Kognitive Fähigkeiten**: Im Gegensatz zu Robotern, die physische Aktionen ausführen, liegt der Schwerpunkt der KI auf der Nachahmung kognitiver Funktionen. KI kann Muster erkennen, Entscheidungen treffen und aus Erfahrungen lernen, oft durch Techniken wie maschinelles Lernen und Deep Learning.

- **Unabhängigkeit von der physischen Form**: KI kann in einer Vielzahl von Anwendungen existieren, von Software auf einem Computer oder Smartphone bis hin zu Cloud-basierten Diensten. Sie ist nicht auf eine physische Form beschränkt und kann in virtuellen Umgebungen oder als Teil eines Robotersystems funktionieren.

Kombination von Robotern und KI:

- **Roboter mit KI**: Viele moderne Roboter integrieren KI, um autonomere und flexiblere Funktionen zu ermöglichen. KI ermöglicht es Robotern, aus Daten zu lernen, sich an neue Situationen anzupassen und komplexe Entscheidungen zu treffen. Diese Kombination erweitert die Einsatzmöglichkeiten von Robotern erheblich und ermöglicht Anwendungen, die über starre, vorprogrammierte Aktionen hinausgehen.

Zusammenfassend kann man sagen, dass Roboter physische Entitäten sind, die Aufgaben in der realen Welt ausführen, während KI auf die kognitiven Prozesse hinter diesen Aufgaben abzielt. Die Kombination von Robotern und KI führt zu Systemen, die sowohl intelligent als auch in der Lage sind, physisch zu agieren, was die Grenzen dessen, was automatisiert werden kann, erheblich erweitert.

Braucht die KI einen Körper?

Ob Künstliche Intelligenz (KI) einen Körper benötigt, hängt stark vom Anwendungszweck und den Zielen ab, die mit der KI erreicht werden sollen. Die Frage berührt die Unterscheidung zwischen "embodied AI" (verkörperte KI) und KI-Systemen, die in einer rein digitalen Umgebung operieren. Beide Ansätze haben ihre Berechtigung und Anwendungsbereiche:

KI ohne Körper:

- **Digitale Assistenten und Chatbots**: Diese Formen von KI benötigen keinen physischen Körper, um effektiv zu funktionieren. Sie interagieren mit Benutzern über Text oder Sprache und können Aufgaben wie das Beantworten von Fragen, die Organisation von Terminen oder die Durchführung von Internetsuchen übernehmen.

- **Datenanalyse und Entscheidungsfindung**: KI-Systeme, die für die Analyse großer Datenmengen und die Unterstützung bei Entscheidungsprozessen eingesetzt werden, operieren ebenfalls ohne physischen Körper. Diese Anwendungen umfassen Finanzanalyse, medizinische Diagnostik und Marktprognosen.

KI mit Körper (Verkörperte KI):

- **Robotik**: In der Robotik wird KI in physischen Maschinen eingesetzt, um ihnen zu ermöglichen, in der realen Welt zu agieren. Dies kann in der industriellen Automatisierung, bei Such- und Rettungsmissionen oder in der Pflege zum Einsatz kommen. Ein physischer Körper ermöglicht es der KI, physische Aufgaben auszuführen und direkt mit ihrer Umgebung zu interagieren.

- **Wearable Devices**: Tragbare Technologien, die KI nutzen, um Gesundheitsdaten zu überwachen oder Fitnessanleitungen zu geben, sind ein weiteres Beispiel, bei dem die KI in gewisser Weise einen "Körper" hat, durch den sie mit dem Benutzer interagiert.

- **Interaktives Lernen und Entwicklung**: Einige Forschungsansätze argumentieren, dass KI durch die Interaktion mit der physischen Welt schneller und effektiver lernen kann. Verkörperte KI kann durch direkte Erfahrung mit Objekten und Umgebungen lernen, ähnlich wie Menschen und Tiere.

Philosophische und Forschungsperspektiven:

- **Embodied Cognition**: Einige Theorien der Kognitionswissenschaft und Philosophie, wie die Theorie der verkörperten Kognition, argumentieren, dass Intelligenz nicht nur im Gehirn (oder in einem Computer) sitzt, sondern durch die Wechselwirkung des Gehirns (oder Prozessors) mit dem Körper und der Umwelt entsteht. In diesem Kontext könnte die Entwicklung verkörperter KI-Systeme zu tieferen Einblicken in die Natur der Intelligenz führen.

Zusammenfassend lässt sich sagen, dass die Notwendigkeit eines Körpers für KI von den spezifischen Aufgaben abhängt, die sie erfüllen soll. Während viele KI-Anwendungen keinen physischen Körper benötigen, gibt es Bereiche, in denen ein Körper unerlässlich ist, um die gewünschten Interaktionen und Lernprozesse zu ermöglichen.

Auf welchen Themengebiete kann die KI keine oder nur schlechte Antworten geben?

Künstliche Intelligenz (KI) hat beeindruckende Fortschritte gemacht und wird in einer Vielzahl von Bereichen eingesetzt. Dennoch gibt es Themengebiete, auf denen KI entweder keine oder nur unzureichende Antworten geben kann, oft aufgrund der Komplexität, Subjektivität oder der Notwendigkeit menschlicher Einsicht und Urteilsvermögen. Hier sind einige solcher Bereiche:

1. **Tiefgründige ethische Fragen**: Fragen, die tiefe ethische Überlegungen erfordern, wie "Was ist der Sinn des Lebens?" oder "Ist es moralisch vertretbar, in allen Situationen zu lügen?", können von KI nicht zufriedenstellend beantwortet werden. Ethik basiert auf moralischen Grundsätzen und Werten, die stark von menschlicher Erfahrung, Kultur und persönlichen Überzeugungen abhängen.

2. **Subjektive Erfahrungen und Emotionen**: KI kann Schwierigkeiten haben, auf Fragen zu antworten, die subjektive menschliche Erfahrungen, Gefühle oder die Nuancen menschlicher Beziehungen betreffen. Fragen wie "Wie fühlt sich Verliebtsein an?" oder "Was bedeutet Trauer?" erfordern ein Verständnis von Emotionen, das KI derzeit nicht besitzt.

3. **Hochspezifische persönliche Beratung**: Obwohl KI personalisierte Empfehlungen auf der Grundlage von Datenmustererkennung geben kann, stößt sie bei der Bereitstellung spezifischer, individueller Beratung, die tiefe Einsichten in persönliche Lebensumstände erfordert, an ihre Grenzen.

4. **Interpretation von Kunst und Literatur**: Während KI in der Lage ist, Muster in Kunstwerken und Literatur zu analysieren, fehlt ihr das tiefe Verständnis für kulturelle Kontexte, symbolische Bedeutungen und die emotionale Resonanz, die für die Interpretation von Kunstwerken entscheidend sind.

5. **Vorhersage von unvorhersehbaren Ereignissen**: KI kann Schwierigkeiten haben, präzise Vorhersagen über Ereignisse zu treffen, die von einer Vielzahl von unvorhersehbaren Faktoren abhängen, wie z.B. die Ergebnisse von politischen Wahlen, Naturkatastrophen oder die Entwicklung von Aktienkursen in Krisenzeiten.

6. **Kreative Originalität**: Obwohl KI kreative Inhalte generieren kann, basiert diese Kreativität auf der Analyse und Rekombination bestehender Daten. Die Fähigkeit, völlig neue Ideen oder

Kunstformen zu erschaffen, die originell und nicht nur eine Nachahmung bestehender Muster sind, bleibt eine menschliche Domäne.

7. **Philosophische und metaphysische Fragen**: Fragen, die das Verständnis der Grundlagen der Realität betreffen, wie "Was ist Bewusstsein?" oder "Existiert freier Wille?", können von KI nicht adäquat adressiert werden, da sie tiefgreifende philosophische Überlegungen erfordern.

8. **Komplexe soziale und politische Analysen**: Während KI in der Lage ist, große Datenmengen zu analysieren, kann sie die Komplexität sozialer und politischer Dynamiken, die tief verwurzelte historische, kulturelle und menschliche Faktoren beinhalten, nicht vollständig erfassen.

In allen diesen Bereichen spielen menschliches Verständnis, emotionale Tiefe und kulturelle Kontexte eine entscheidende Rolle – Aspekte, die derzeit außerhalb der Reichweite von KI-Systemen liegen.

Wie wird die nächste Generation der KI-Anwendungen aussehen?

Die nächste Generation der KI-Anwendungen wird voraussichtlich durch Fortschritte in der Technologie, eine zunehmende Integration in das tägliche Leben und die Lösung bestehender Herausforderungen gekennzeichnet sein. Hier sind einige Trends und Entwicklungen, die die Zukunft der KI-Anwendungen prägen könnten:

1. **Erhöhte Erklärbarkeit und Transparenz**: Es wird erwartet, dass zukünftige KI-Systeme transparenter und ihre Entscheidungsprozesse nachvollziehbarer werden. Dies ist besonders wichtig in kritischen Anwendungsbereichen wie Medizin, Finanzen und Justiz, wo Entscheidungen weitreichende Konsequenzen haben können.

2. **Verbesserte Generalisierung und Adaptivität**: Die nächste Generation der KI wird wahrscheinlich über verbesserte Fähigkeiten zur Generalisierung verfügen, was bedeutet, dass sie in der Lage

sein wird, Wissen und Fähigkeiten über eine breitere Palette von Aufgaben und Kontexten hinweg anzuwenden. Adaptive KI-Systeme, die in der Lage sind, sich dynamisch an neue Situationen und Daten anzupassen, werden ebenfalls an Bedeutung gewinnen.

3. **Fortgeschrittene natürlichsprachliche Verarbeitung (NLP)**: Wir werden signifikante Verbesserungen im Bereich der NLP sehen, die zu natürlicheren und flüssigeren Interaktionen zwischen Menschen und Maschinen führen. Dies umfasst eine bessere Erkennung von Nuancen, Ironie und Kontext in der menschlichen Sprache.

4. **Integration von KI in das Internet der Dinge (IoT)**: KI wird zunehmend in IoT-Geräte integriert werden, um intelligentere und autonomere Systeme zu ermöglichen. Dies könnte Anwendungen in Smart Homes, intelligenten Städten und der Industrie 4.0 umfassen.

5. **Verstärkter Fokus auf ethische KI**: Angesichts der wachsenden Bedenken hinsichtlich Datenschutz, Bias und Arbeitsplatzverlusten wird ethische KI ein zentrales Thema sein. Entwickler werden stärker darauf achten, faire, verantwortungsvolle und nachhaltige KI-Systeme zu schaffen.

6. **KI-gestützte personalisierte Medizin**: In der Medizin werden KI-Anwendungen eine Rolle spielen, die auf die individuellen genetischen Profile, Lebensstile und Präferenzen der Patienten zugeschnitten sind, um personalisierte Behandlungspläne und Medikamente zu entwickeln.

7. **Autonome Fahrzeuge und Mobilität**: Die Entwicklung und Verbreitung autonomer Fahrzeuge wird voraussichtlich fortschreiten, was die Mobilität transformieren und zu sichereren, effizienteren Verkehrssystemen führen könnte.

8. **KI in der Bildung**: KI wird zunehmend in Bildungssysteme integriert, um personalisierte Lernpfade zu ermöglichen, die auf die Bedürfnisse und Fähigkeiten jedes Schülers zugeschnitten sind.

9. **Augmented Reality (AR) und Virtual Reality (VR)**: KI wird AR- und VR-Erlebnisse verbessern, indem sie realistischere Interaktionen und personalisierte Inhalte ermöglicht.

10. **Quantencomputing und KI:** Die Integration von Quantencomputing und KI könnte zu Durchbrüchen bei der Verarbeitungsgeschwindigkeit und der Lösung komplexer Probleme führen, die mit herkömmlichen Computern nicht lösbar sind.

Diese Trends deuten darauf hin, dass die nächste Generation der KI tiefer in unser tägliches Leben integriert sein wird, intelligenter und benutzerfreundlicher sein wird und gleichzeitig ethische Überlegungen stärker berücksichtigt.

Teil II: Anwendungsbereiche der KI

Welche Chancen sind mit der KI verbunden?

Die Entwicklung und Anwendung von Künstlicher Intelligenz (KI) bietet vielfältige Chancen und Potenziale, die nahezu alle Bereiche des menschlichen Lebens und Arbeitens betreffen können. Hier sind einige der wesentlichen Chancen, die mit KI verbunden sind:

1. **Verbesserung der Entscheidungsfindung**: KI kann große Mengen an Daten schneller analysieren, als es Menschen möglich ist, und dabei Muster erkennen, die für die Entscheidungsfindung in verschiedenen Bereichen wie Medizin, Finanzen und Umweltschutz relevant sind.

2. **Automatisierung und Effizienzsteigerung**: Durch die Automatisierung routinemäßiger und zeitaufwändiger Aufgaben kann KI die Effizienz in der Produktion, im Büro und in administrativen Prozessen steigern, was zu Kosteneinsparungen und Produktivitätsgewinnen führt.

3. **Medizin und Gesundheitswesen**: KI hat das Potenzial, die Patientenversorgung und die medizinische Forschung erheblich zu verbessern, indem sie Diagnosen unterstützt, personalisierte Behandlungspläne entwickelt und neue Medikamente schneller entdeckt.

4. **Umwelt und Klimaschutz**: KI kann dabei helfen, Klimamodelle zu verbessern, die Effizienz von Energieverbrauch zu optimieren und nachhaltige Lösungen für Umweltprobleme zu entwickeln.

5. **Bildung**: Durch personalisiertes Lernen kann KI den Bildungsbereich revolutionieren, indem sie Lehrmaterialien und Lernumgebungen auf die Bedürfnisse einzelner Schüler anpasst.

6. **Mobilität**: KI ist ein Schlüsselelement für die Entwicklung autonomer Fahrzeuge, die das Potenzial haben, die Verkehrssicherheit zu erhöhen, Staus zu reduzieren und den Transport effizienter zu gestalten.

7. **Verbesserung der Sicherheit**: Ob in der Cybersecurity, bei der Überwachung öffentlicher Räume oder bei der Vorhersage von Naturkatastrophen, KI kann dazu beitragen, Risiken zu erkennen und zu mindern, bevor Schäden entstehen.

8. **Förderung von Innovation und Forschung**: KI beschleunigt wissenschaftliche Entdeckungen und Innovationen in zahlreichen Feldern, von der Astronomie bis zur Materialwissenschaft, indem sie komplexe Simulationen durchführt und neue Zusammenhänge aufdeckt.

9. **Soziale Interaktion**: KI-Technologien verbessern die Zugänglichkeit und Kommunikationsmöglichkeiten für Menschen mit Behinderungen durch Spracherkennung, generative Sprachmodelle und visuelle Hilfsmittel.

10. **Wirtschaftswachstum**: Die Einführung von KI-Technologien kann das Wirtschaftswachstum antreiben, neue Geschäftsmodelle ermöglichen und zu einer höheren globalen Wettbewerbsfähigkeit beitragen.

Diese Chancen gehen allerdings auch mit Herausforderungen und ethischen Fragestellungen einher, die adressiert werden müssen, um sicherzustellen, dass die Entwicklung und Nutzung von KI zum Wohl der gesamten Gesellschaft beiträgt.

Wie kann die KI das Personalwesen verändern?

Künstliche Intelligenz (KI) hat das Potenzial, das Personalwesen (HR) in vielerlei Hinsicht zu revolutionieren, von der Rekrutierung und Auswahl von Bewerbern bis hin zur Mitarbeiterentwicklung und zum Leistungsmanagement. Hier sind einige Schlüsselbereiche, in denen KI das Personalwesen verändern kann:

Rekrutierung und Talentakquise:

- **Automatisierte Lebenslaufanalyse**: KI kann große Mengen an Bewerbungsunterlagen schnell durchsuchen und die am besten geeigneten Kandidaten basierend auf vordefinierten Kriterien identifizieren, wodurch der Zeitaufwand für die Vorauswahl erheblich reduziert wird.

- **Kandidaten-Screening**: KI-gestützte Systeme können Vorstellungsgespräche vorstrukturieren oder Online-Tests durchführen, um die Fähigkeiten und Kompetenzen der Bewerber zu bewerten.

- **Passive Talentakquise**: KI kann auch dabei helfen, passive Kandidaten zu identifizieren, die nicht aktiv nach einem Job suchen, aber gut zu offenen Stellen passen könnten, indem sie Profile in sozialen Netzwerken und beruflichen Plattformen analysiert.

Mitarbeiterengagement und -erfahrung:

- **Personalisierte Lern- und Entwicklungsprogramme**: KI kann individuelle Lernpfade basierend auf den Kompetenzen und Karrierezielen der Mitarbeiter erstellen, was zu effektiveren und zielgerichteteren Fortbildungen führt.

- **Mitarbeiterbefragungen und Stimmungsanalyse**: KI-gestützte Tools können regelmäßig Mitarbeiterfeedback sammeln und analysieren, um Stimmungen und Trends im Unternehmen zu erkennen und entsprechend zu handeln.

Leistungsmanagement:

- **Leistungsüberwachung und -analyse**: KI-Systeme können Leistungsdaten in Echtzeit analysieren, um Managern und Mitarbeitern kontinuierliches Feedback zu geben, was zu einer objektiveren und datengesteuerten Leistungsbewertung führt.

- **Vorhersage von Mitarbeiterfluktuation**: KI kann Muster in Mitarbeiterdaten erkennen, die auf eine erhöhte Wahrscheinlichkeit für Kündigungen hindeuten, und ermöglicht so proaktive Maßnahmen zur Mitarbeiterbindung.

Effizienzsteigerung in HR-Prozessen:

- **Automatisierung administrativer Aufgaben**: Viele HR-bezogene administrative Aufgaben, wie Zeiterfassung, Urlaubsverwaltung und Onboarding-Prozesse, können durch KI automatisiert werden, was HR-Teams entlastet und ihnen ermöglicht, sich auf strategischere Aufgaben zu konzentrieren.

- **Chatbots für HR-Anfragen**: KI-gestützte Chatbots können Mitarbeitern rund um die Uhr Unterstützung bei häufigen HR-bezogenen Fragen bieten, was zu einer verbesserten Mitarbeitererfahrung führt.

Ethik und Datenschutz:

- Die Implementierung von KI im Personalwesen wirft auch wichtige Fragen bezüglich Ethik, Datenschutz und der menschlichen Dimension von HR auf. Es ist entscheidend, dass KI-Systeme transparent, fair und im Einklang mit Datenschutzgesetzen eingesetzt werden, um Vertrauen zu fördern und die Rechte der Mitarbeiter zu wahren.

Insgesamt kann KI das Personalwesen durch Effizienzsteigerungen, verbesserte Entscheidungsfindung und personalisierte Mitarbeitererfahrungen transformieren. Jedoch ist ein sorgfältiger und ethischer Ansatz bei der Implementierung von KI-Technologien erforderlich, um die positiven Auswirkungen zu maximieren und potenzielle Herausforderungen zu adressieren.

Wie kann die KI das Bankwesen verändern?

Künstliche Intelligenz (KI) hat das Potenzial, das Bankwesen grundlegend zu verändern, indem sie Prozesse effizienter macht, das Kundenerlebnis verbessert, Risiken besser managt und neue Dienstleistungen ermöglicht. Hier sind einige Schlüsselbereiche, in denen KI das Banking transformieren kann:

Kundenservice:

- **Chatbots und virtuelle Assistenten**: KI-gesteuerte Chatbots können Kunden rund um die Uhr unterstützen, einfache Anfragen beantworten und grundlegende Bankgeschäfte wie Überweisungen oder Kontostandsabfragen ermöglichen.
- **Personalisierte Finanzberatung**: KI kann individuelle Finanzberatung bieten, basierend auf der Analyse von Kontobewegungen, Ausgabengewohnheiten und finanziellen Zielen der Kunden.

Betrugsbekämpfung und Sicherheit:

- **Erkennung von Betrugsversuchen**: KI-Systeme können in Echtzeit große Mengen an Transaktionsdaten analysieren, um ungewöhnliche Muster zu identifizieren, die auf Betrug oder Identitätsdiebstahl hindeuten könnten.
- **Verbesserte Sicherheitsmaßnahmen**: Biometrische Verfahren, gestützt durch KI, wie Gesichtserkennung oder Fingerabdruckscans, erhöhen die Sicherheit bei der Authentifizierung von Nutzern.

Risikomanagement:

- **Kreditrisikoanalyse**: KI kann die Bonitätsprüfung durch die Analyse von traditionellen und alternativen Datenquellen verbessern, um die Kreditwürdigkeit von Kreditnehmern genauer zu bewerten.
- **Marktrisikomanagement**: KI-Modelle können Markttrends analysieren und Risiken in Anlageportfolios identifizieren, um das Marktrisikomanagement zu unterstützen.

Automatisierung von Back-Office-Operationen:

- **Prozessautomatisierung**: KI kann repetitive und zeitaufwendige Back-Office-Aufgaben automatisieren, wie die Dateneingabe oder die Bearbeitung von Kreditanträgen, was zu einer schnelleren Abwicklung und niedrigeren Betriebskosten führt.

- **Dokumentenanalyse und -verwaltung**: KI kann Dokumente scannen, den Inhalt extrahieren und klassifizieren, wodurch der Zeitaufwand für die Dokumentenverwaltung reduziert wird.

Personalisierte Dienstleistungen und Produkte:

- **Produktempfehlungen**: KI kann personalisierte Produkt- und Dienstleistungsempfehlungen bieten, basierend auf dem individuellen Kundenprofil und -verhalten.

- **Dynamische Preisgestaltung**: KI kann dabei helfen, Zinssätze und Gebühren individuell anzupassen, basierend auf dem Risikoprofil des Kunden und dem aktuellen Marktumfeld.

Compliance und Regulierung:

- **Regulierungs-Compliance**: Durch die Analyse von Regulierungstexten kann KI helfen, Compliance-Anforderungen effizienter zu managen und Banken dabei unterstützen, regulatorische Veränderungen schneller zu integrieren.

- **Geldwäschebekämpfung (AML)**: KI-Systeme können dabei helfen, verdächtige Transaktionen zu identifizieren und die Effektivität von Anti-Geldwäsche-Maßnahmen zu verbessern.

Investment Banking:

- **Algorithmischer Handel**: KI kann genutzt werden, um Handelsstrategien zu entwickeln, die auf der Analyse großer Datenmengen und Marktindikatoren basieren, um Handelsentscheidungen in Echtzeit zu treffen.

Die Implementierung von KI im Bankwesen bietet nicht nur die Möglichkeit, die Effizienz zu steigern und Kosten zu senken, sondern auch, das Kundenerlebnis zu verbessern und neue, innovative Dienstleistungen zu entwickeln. Gleichzeitig erfordert der Einsatz von KI eine sorgfältige Abwägung hinsichtlich Datenschutz, Sicherheit und ethischer Aspekte.

Wie kann die KI den Beruf von Ärzten verändern?

Künstliche Intelligenz (KI) hat das Potenzial, den Beruf von Ärzten auf vielfältige Weise zu verändern, indem sie Diagnoseprozesse verbessert, Behandlungsmethoden optimiert und die Patientenversorgung effizienter gestaltet. Hier sind einige Schlüsselaspekte, wie KI den medizinischen Beruf transformieren kann:

Verbesserung der Diagnose:

- **Bildanalyse**: KI-Systeme, insbesondere solche, die auf Deep Learning basieren, können medizinische Bilder (wie Röntgenbilder, CT-Scans und MRT-Bilder) mit hoher Genauigkeit analysieren, um Krankheiten zu erkennen. Diese Systeme können Ärzten helfen, schneller und präziser zu diagnostizieren.

- **Mustererkennung**: KI kann in der Lage sein, Muster in großen Datenmengen zu erkennen, die für Menschen schwer zu identifizieren sind. Dies kann bei der Früherkennung von Krankheiten, wie Krebs oder Herz-Kreislauf-Erkrankungen, von Vorteil sein.

Personalisierte Medizin:

- **Behandlungspläne**: Durch die Analyse von Patientendaten kann KI individuell zugeschnittene Behandlungspläne erstellen, die auf den genetischen Informationen, Lebensstil und bisherigen Reaktionen auf Behandlungen basieren. Dies führt zu einer personalisierten Medizin, die effektiver und effizienter ist.

- **Medikamentenentwicklung**: KI beschleunigt die Entdeckung und Entwicklung neuer Medikamente, indem sie hilft, vielversprechende Wirkstoffkandidaten schneller zu identifizieren.

Effizienzsteigerung in der Patientenversorgung:

- **Automatisierung administrativer Aufgaben**: KI kann Routineaufgaben wie die Dokumentation von Patientenakten, Terminplanung und die Verwaltung von Patientendaten übernehmen, wodurch Ärzten mehr Zeit für die direkte Patientenbetreuung bleibt.

- **Telemedizin und digitale Gesundheitsberatung**: KI-gestützte Plattformen ermöglichen es Ärzten, Patienten aus der Ferne zu beraten und zu behandeln, was den Zugang zur medizinischen Versorgung verbessert, besonders in ländlichen oder unterversorgten Gebieten.

Verbesserung der Entscheidungsfindung:

- **Klinische Entscheidungsunterstützung**: KI-Systeme können Ärzte bei der Entscheidungsfindung unterstützen, indem sie relevante Informationen und Daten liefern, die zu einer genaueren Beurteilung des Patientenzustands und einer optimierten Behandlung beitragen.

- **Risikobewertung**: KI kann dazu beitragen, das Risiko von Komplikationen oder das Wiederauftreten von Krankheiten vorherzusagen, was präventive Maßnahmen und frühzeitige Interventionen ermöglicht.

Fortbildung und Training:

- **Simulationen und virtuelle Realität**: KI und VR können kombiniert werden, um realistische Trainingsumgebungen für medizinisches Personal zu schaffen, die ohne Risiko für echte Patienten komplexe medizinische Verfahren üben können.

Während KI das Potenzial hat, den medizinischen Beruf erheblich zu verbessern, ist es wichtig, ethische Überlegungen, Datenschutz und die Genauigkeit von KI-Systemen zu berücksichtigen. Die Rolle des Arztes bleibt zentral, insbesondere in Bezug auf die menschlichen Aspekte der Patientenversorgung, Empathie und ethische Entscheidungsfindung, die durch KI nicht ersetzt werden können.

Wie kann die KI die Arbeit von Architekten verändern?

Künstliche Intelligenz (KI) hat das Potenzial, die Arbeit von Architekten auf mehreren Ebenen zu transformieren, von der Entwurfsphase bis zur Projektverwaltung. Hier sind einige Schlüsselbereiche, in denen KI die Architekturbranche beeinflussen kann:

Entwurfsprozess:

- **Designassistenz**: KI kann Architekten bei der Erstellung von Entwürfen unterstützen, indem sie Vorschläge basierend auf bestimmten Anforderungen oder Präferenzen generiert. KI-Algorithmen können unzählige Designvarianten durchspielen, um optimale Lösungen für spezifische Probleme zu finden.

- **Parametrisches Design**: KI kann in parametrischen Designprozessen eingesetzt werden, um komplexe geometrische Formen zu generieren, die auf vorgegebenen Parametern und Beziehungen basieren. Dies ermöglicht innovative architektonische Designs, die manuell schwer zu erreichen wären.

Effizienz und Nachhaltigkeit:

- **Energieeffizienz-Analyse**: KI-Systeme können Entwürfe auf ihre Energieeffizienz hin analysieren und Empfehlungen zur Verbesserung der Nachhaltigkeit geben, z.B. durch die Optimierung der Gebäudeorientierung, Materialauswahl oder Integration erneuerbarer Energiequellen.

- **Simulationen**: KI-gestützte Simulationswerkzeuge ermöglichen es Architekten, die Auswirkungen ihres Designs auf verschiedene Faktoren wie Tageslicht, Windfluss und thermischen Komfort zu testen, was zu komfortableren und energieeffizienteren Gebäuden führt.

Projektmanagement:

- **Automatisierung administrativer Aufgaben**: KI kann bei der Automatisierung zeitintensiver administrativer Aufgaben helfen, wie der Dokumentation, der Terminplanung und dem Projektmanagement, wodurch Architekten mehr Zeit für kreative und strategische Aspekte ihrer Arbeit haben.

- **Risikomanagement**: KI kann dabei helfen, potenzielle Risiken in Bauprojekten zu identifizieren und zu bewerten, indem sie große Mengen an Projektdaten analysiert. Dies ermöglicht eine proaktivere Planung und das Ergreifen von Maßnahmen zur Risikominderung.

Kundeninteraktion:

- **Virtuelle Realität (VR) und Augmented Reality (AR)**: Durch die Integration von KI mit VR- und AR-Technologien können Architekten immersive Modelle ihrer Entwürfe erstellen, die es Kunden ermöglichen, durch zukünftige Gebäude zu navigieren und Änderungen in Echtzeit zu visualisieren.

Fortbildung und Wissenserwerb:

- **Lernplattformen**: KI-basierte Lernplattformen können personalisierte Lerninhalte bereitstellen, die es Architekten ermöglichen, sich kontinuierlich weiterzubilden und mit den neuesten Trends und Technologien Schritt zu halten.

Forschung und Entwicklung:

- **Materialforschung**: KI kann in der Forschung und Entwicklung neuer Baumaterialien und -techniken eingesetzt werden, um die Leistungsfähigkeit, Nachhaltigkeit und Kosten zu optimieren.

Während KI erhebliche Vorteile und Innovationen in der Architekturbranche verspricht, ist es wichtig, auch die ethischen Aspekte, den Datenschutz und die Notwendigkeit menschlicher Aufsicht zu berücksichtigen. Die Integration von KI in die Architektur erfordert einen ausgewogenen Ansatz, der Technologie als Werkzeug nutzt, um die Fähigkeiten von Architekten zu erweitern, ohne die essenzielle Rolle des menschlichen Urteilsvermögens und der Kreativität zu untergraben.

Wie kann die KI das Handwerk und das Gewerbe verändern?

Künstliche Intelligenz (KI) hat das Potenzial, Handwerk und Gewerbe in vielfältiger Weise zu verändern, indem sie Effizienzsteigerungen ermöglicht, neue Fertigungsmethoden einführt und personalisierte Kundeninteraktionen unterstützt. Hier sind einige Bereiche, in denen KI signifikante Auswirkungen haben kann:

Effizienz und Produktivität:

- **Automatisierung von Routineaufgaben**: KI kann Routine- und Zeitaufgaben automatisieren, wie z.B. Inventurmanagement, Bestellungen und Buchhaltung, wodurch Handwerker und Gewerbetreibende mehr Zeit für ihre Kernkompetenzen haben.

- **Optimierung von Produktionsprozessen**: Durch den Einsatz von KI in der Fertigungssteuerung und -überwachung können Produktionsprozesse optimiert, Ressourcen effizienter genutzt und die Qualität der Endprodukte verbessert werden.

Personalisierung und Kundeninteraktion:

- **Kundenspezifische Produkte**: KI kann dazu beitragen, Produkte und Dienstleistungen auf individuelle Kundenbedürfnisse zuzuschneiden, indem sie Kundenpräferenzen analysiert und personalisierte Empfehlungen bietet.

- **Verbesserte Kundenkommunikation**: KI-gestützte Chatbots und Kundendienstplattformen können Anfragen bearbeiten und Informationen bereitstellen, was zu einer verbesserten Kundenerfahrung führt.

Design und Entwicklung:

- **Unterstützung beim Designprozess**: KI-Tools können Handwerkern und Designern helfen, innovative Designs zu entwickeln, indem sie komplexe Berechnungen durchführen und neue Materialkombinationen oder Konstruktionsmethoden vorschlagen.

- **Prototyping und Modellierung**: KI-gestützte Software kann den Prototyping-Prozess beschleunigen, indem sie schnell Modifikationen erlaubt und die Auswirkungen von Designänderungen simuliert.

Wartung und Qualitätssicherung:

- **Vorhersagende Wartung**: KI kann in der Wartung und Reparatur von Maschinen eingesetzt werden, um Muster in den Betriebsdaten zu erkennen und potenzielle Ausfälle vorherzusagen, bevor sie auftreten.

- **Qualitätskontrolle**: KI-Systeme können bei der Qualitätskontrolle unterstützen, indem sie Bilder und Sensordaten analysieren, um Fehler oder Abweichungen von Qualitätsstandards zu identifizieren.

Nachhaltigkeit und Ressourcenmanagement:

- **Ressourceneffizienz**: KI kann dabei helfen, Materialverbrauch und Energieeffizienz in Produktionsprozessen zu optimieren, was zu nachhaltigeren Praktiken führt.

- **Abfallreduzierung**: Durch die Optimierung von Schnittplänen und Materialnutzung kann KI dazu beitragen, Abfall zu reduzieren und die Effizienz in der Produktion zu steigern.

Aus- und Weiterbildung:

- **Personalisiertes Lernen**: KI kann in der beruflichen Bildung eingesetzt werden, um personalisierte Lernpfade zu erstellen und das Lernen durch Simulationen und interaktive Tools zu unterstützen.

Obwohl KI große Chancen für Handwerk und Gewerbe bietet, ist es wichtig, auch potenzielle Herausforderungen wie Datenschutz, Sicherheit und die Notwendigkeit von Weiterbildung zu berücksichtigen. Die erfolgreiche Integration von KI erfordert eine sorgfältige Planung und die Bereitschaft, bestehende Geschäftsmodelle und Arbeitsprozesse anzupassen.

Wie kann die KI das Transportwesen verändern?

Künstliche Intelligenz (KI) hat das Potenzial, das Transportwesen grundlegend zu transformieren, Effizienz zu steigern, Sicherheit zu verbessern und neue Mobilitätsdienste zu ermöglichen. Hier sind einige Schlüsselbereiche, in denen KI das Transportwesen verändern kann:

Autonome Fahrzeuge:

- **Selbstfahrende Autos und Lastwagen**: KI ermöglicht die Entwicklung autonomer Fahrzeuge, die das Fahren sicherer machen und die Notwendigkeit menschlicher Fahrer reduzieren können. Dies könnte zu einer Verringerung von Verkehrsunfällen führen, die oft durch menschliches Versagen verursacht werden, und gleichzeitig die Effizienz im Gütertransport erhöhen.

Verkehrsmanagement:

- **Intelligente Verkehrssteuerung**: KI-Systeme können Echtzeit-Daten aus verschiedenen Quellen analysieren, um Verkehrsflüsse zu optimieren, Staus zu reduzieren und die Gesamteffizienz des Verkehrssystems zu verbessern. Dies umfasst adaptive Verkehrslichtsteuerung und die Optimierung von Verkehrsrouten.

Öffentlicher Verkehr:

- **Planung und Betrieb**: KI kann helfen, Fahrpläne und Routen im öffentlichen Verkehr effizienter zu gestalten, indem sie Nachfragemuster vorhersagt und Ressourcen entsprechend zuweist. KI-gestützte Analysen können auch zur Wartung von Fahrzeugen und Infrastruktur eingesetzt werden, um Ausfälle zu minimieren und die Sicherheit zu erhöhen.

Luft- und Seefahrt:

- **Routenoptimierung**: In der Luft- und Seefahrt kann KI zur Optimierung von Routen und zur Kraftstoffeinsparung eingesetzt werden, indem sie Wetterbedingungen, Strömungen und andere relevante Faktoren berücksichtigt.

- **Verkehrsmanagement**: KI kann auch das Management des Luft- und Seeverkehrs unterstützen, um die Sicherheit und Effizienz des Betriebs zu verbessern.

Liefer- und Logistikdienste:

- **Optimierte Lieferketten**: KI kann komplexe Lieferketten analysieren und optimieren, um Lieferzeiten zu verkürzen, Kosten zu reduzieren und die Zuverlässigkeit zu erhöhen. Dies beinhaltet die Vorhersage von Lieferengpässen und die automatische Anpassung von Lieferplänen.

- **Automatisierte Lagerhaltung und Lieferung**: KI-gesteuerte Roboter können in Lagerhäusern für die Sortierung und Verpackung eingesetzt werden, und Drohnen oder autonome Fahrzeuge könnten für die Lieferung verwendet werden.

Sicherheit:

- **Erweiterte Überwachung und Wartung**: Durch die Analyse von Daten aus Fahrzeugen und Infrastrukturelementen können KI-Systeme potenzielle Sicherheitsrisiken erkennen und präventive Wartungsarbeiten empfehlen, bevor Probleme auftreten.

- **Unfallprävention**: KI-gestützte Fahrassistenzsysteme können Fahrer in Echtzeit warnen und bei der Vermeidung von Unfällen helfen.

Personalisierte Mobilitätsdienste:

- **Mobilitätsplattformen**: KI kann personalisierte Reiseempfehlungen bieten, indem sie individuelle Präferenzen und Echtzeit-Verkehrsdaten berücksichtigt, um nahtlose Mobilitätslösungen über verschiedene Verkehrsträger hinweg zu ermöglichen.

Die Einführung von KI im Transportwesen erfordert sorgfältige Planung und Regulierung, um Datenschutz, Sicherheit und ethische Überlegungen zu berücksichtigen. Trotz dieser Herausforderungen bietet die Integration von KI die Möglichkeit, das Transportwesen effizienter, sicherer und zugänglicher zu gestalten.

Wie kann die KI die Arbeit von "Schreibenden" verändern?

Die Einführung und Weiterentwicklung von Künstlicher Intelligenz (KI) verändert die Arbeit von Schreibenden in vielfältiger Weise. Diese Veränderungen eröffnen neue Möglichkeiten, bringen aber auch Herausforderungen mit sich. Hier sind einige der wichtigsten Auswirkungen von KI auf das Schreiben:

Unterstützung und Effizienzsteigerung:

- **Automatisierte Textgenerierung**: KI kann bei der Erstellung von Inhalten helfen, indem sie Entwürfe, Ideen oder sogar ganze Artikel zu vorgegebenen Themen generiert. Dies kann besonders nützlich sein, um Schreibblockaden zu überwinden oder schnelle Entwürfe zu erstellen, die dann weiter bearbeitet und verfeinert werden können.

- **Textkorrektur und -verbesserung**: KI-gestützte Tools können Grammatik-, Rechtschreib- und Stilfehler erkennen und korrigieren, was zu qualitativ hochwertigeren Texten führt. Einige fortschrittlichere Systeme können sogar den Schreibstil anpassen, um ihn klarer, überzeugender oder zielgruppenspezifischer zu machen.

Kreativität und Inspiration:

- KI kann Schreibenden als Inspirationsquelle dienen, indem sie Vorschläge für Plot-Entwicklungen, Charaktere oder Dialoge in kreativen Schreibprojekten macht. KI-generierte Inhalte können als Ausgangspunkt dienen, um neue Ideen zu entwickeln oder festgefahrene Projekte wiederzubeleben.

Personalisierung und Zielgruppenansprache:

- KI-Technologien ermöglichen eine stärkere Personalisierung von Inhalten. Basierend auf Datenanalyse und Nutzerprofilen können Texte so angepasst werden, dass sie die Vorlieben und Bedürfnisse spezifischer Zielgruppen besser ansprechen.

Neue Formate und Plattformen:

- KI eröffnet neue Möglichkeiten für interaktive und dynamische Inhalte, wie personalisierte Geschichten, in denen der Leser Entscheidungen trifft, die den Verlauf der Geschichte beeinflussen. KI kann auch für die Erstellung von Inhalten für virtuelle Realitäten, Spiele und andere immersive Erfahrungen eingesetzt werden.

Herausforderungen und ethische Überlegungen:

- **Urheberrecht und Authentizität:** Die Nutzung von KI für die Texterstellung wirft Fragen bezüglich des Urheberrechts und der Authentizität auf. Es ist wichtig zu klären, wem Inhalte gehören, die von KI generiert wurden, und wie man Originalität und Authentizität in einer von KI geprägten Welt bewahrt.
- **Verdrängung und Arbeitsmarkt:** Es besteht die Sorge, dass KI-generierte Inhalte menschliche Schreibende in bestimmten Bereichen verdrängen könnten. Während KI Routineaufgaben oder die Erstellung standardisierter Inhalte übernehmen kann, bleiben Kreativität, tiefes Verständnis und Empathie jedoch unersetzlich.

Fazit:

KI wird die Arbeit von Schreibenden erheblich beeinflussen, indem sie Werkzeuge zur Effizienzsteigerung und kreativen Inspiration bietet, aber auch neue Herausforderungen in Bezug auf Ethik und Arbeitsmarkt mit sich bringt. Die Zukunft des Schreibens dürfte eine Koexistenz von menschlicher Kreativität und KI-gestützter Technologie sein, wobei der Schwerpunkt auf der Nutzung von KI als Werkzeug liegt, das die Fähigkeiten von Autoren erweitert und ergänzt, anstatt sie zu ersetzen.

Welche Berufe werden durch die KI auf- oder abgewertet, ausgelöscht oder neu entstehen?

Die Einführung und Weiterentwicklung von Künstlicher Intelligenz (KI) führt zu signifikanten Veränderungen auf dem Arbeitsmarkt, indem bestimmte Berufe transformiert, einige abgewertet oder obsolet gemacht und gleichzeitig neue Berufsfelder und Karrieremöglichkeiten geschaffen werden. Hier ist eine Übersicht über die Auswirkungen von KI auf verschiedene Berufsfelder:

Berufe, die durch KI auf- oder abgewertet werden:

- **Aufwertung**: Berufe, die kreative, strategische Entscheidungsfindung und emotionale Intelligenz erfordern, wie in den Bereichen Kunst, Wissenschaft, Management und Therapie, können durch KI-Tools unterstützt und aufgewertet werden, die repetitive Aufgaben automatisieren und tiefere Analysen ermöglichen.

- **Abwertung**: Berufe, die stark auf Routine und wiederholbare Aufgaben ausgerichtet sind, wie Dateneingabe, Buchhaltung und bestimmte Arten von Analysen, könnten durch KI-Automatisierung in ihrem Wert gemindert oder in der Anzahl der benötigten Arbeitskräfte reduziert werden.

Berufe, die durch KI ausgelöscht werden könnten:

- **Einfache administrative und bürokratische Aufgaben**: Automatisierung und intelligente Systeme können viele administrative Aufgaben übernehmen, was die Notwendigkeit menschlicher Arbeit in diesen Bereichen verringern könnte.

- **Bestimmte Fertigungsberufe**: In der Fertigung können Roboter und automatisierte Systeme, die durch KI gesteuert werden, manuelle Tätigkeiten übernehmen, insbesondere in Umgebungen, die für Menschen gefährlich oder monoton sind.

Neue Berufe und Karrieremöglichkeiten, die durch KI entstehen:

- **KI-Entwickler und -Forscher**: Spezialisten, die neue KI-Modelle entwickeln, trainieren und implementieren.

- **Datenwissenschaftler und Analysten**: Fachleute, die Daten sammeln, analysieren und interpretieren, um Muster zu erkennen und Entscheidungen zu unterstützen.

- **Ethikexperten für KI**: Experten, die sich mit den ethischen Aspekten der KI-Entwicklung und -Anwendung beschäftigen.

- **KI-Sicherheitsspezialisten**: Fachkräfte, die sich auf die Absicherung von KI-Systemen gegen Missbrauch, Hacking und Manipulation spezialisieren.

- **User Experience (UX) Designer für KI-Anwendungen**: Designer, die sich darauf spezialisieren, die Interaktion zwischen Mensch und KI so intuitiv und effektiv wie möglich zu gestalten.

- **KI-Integrationsberater**: Berater, die Unternehmen dabei helfen, KI-Technologien in ihre bestehenden Prozesse und Systeme zu integrieren.

- **Robotik-Techniker und Ingenieure**: Fachleute, die in der Entwicklung, Wartung und Reparatur von Robotern und automatisierten Systemen arbeiten.

Transformierte Berufe:

- **Gesundheitswesen**: Von Ärzten bis zu Pflegekräften, die Nutzung von KI zur Diagnoseunterstützung und Patientenmanagement kann die Rolle dieser Berufe erweitern und vertiefen.

- **Rechtswesen**: Anwälte und Juristen könnten durch KI in der Recherche und Analyse von Rechtsfällen unterstützt werden, was zu einer effizienteren Fallbearbeitung führt.

Die Auswirkungen von KI auf den Arbeitsmarkt sind vielschichtig und erfordern eine proaktive Anpassung in der Bildungspolitik, Weiterbildung und Umschulungsprogrammen, um die Belegschaft auf die Veränderungen vorzubereiten. Während einige Berufe verschwinden oder sich verändern, entstehen durch KI auch neue Möglichkeiten und Felder, die menschliche Kreativität, Innovation und Anpassungsfähigkeit erfordern.

Wie kann man als Privatperson von der KI profitieren?

Als Privatperson können Sie auf vielfältige Weise von Künstlicher Intelligenz (KI) profitieren. KI-Technologien sind zunehmend in alltägliche Produkte und Dienstleistungen integriert, die das Leben einfacher, effizienter und unterhaltsamer machen. Hier sind einige Beispiele, wie man als Privatperson von KI profitieren kann:

Persönliche Assistenten

- **Sprachgesteuerte Assistenten** wie Siri, Google Assistant und Alexa können helfen, den Alltag zu organisieren, indem sie Termine verwalten, Erinnerungen setzen, Fragen beantworten und Smart-Home-Geräte steuern.

Personalisierte Unterhaltung

- **Empfehlungssysteme** in Streaming-Plattformen wie Netflix, Spotify und YouTube nutzen KI, um Inhalte basierend auf Ihren bisherigen Vorlieben und Sehgewohnheiten zu empfehlen, was das Entdecken neuer Filme, Serien und Musik erleichtert.

Smart Home

- **Intelligente Haushaltsgeräte** wie smarte Thermostate, Beleuchtungssysteme und Sicherheitskameras nutzen KI, um Energieeffizienz zu verbessern, Komfort zu erhöhen und die Sicherheit zu Hause zu verstärken.

Online-Shopping und Kundenservice

- **Chatbots und virtuelle Assistenten** bieten rund um die Uhr Kundenservice, helfen bei der Auswahl von Produkten, beantworten Fragen und lösen Probleme schnell und effizient.

Gesundheitsmanagement

- **Gesundheits-Apps und Wearables** nutzen KI, um Fitness- und Gesundheitsdaten zu analysieren, personalisierte Übungs- und Ernährungsempfehlungen zu geben und sogar frühzeitig gesundheitliche Probleme zu erkennen.

Bildung und Lernen

- **E-Learning-Plattformen** bieten personalisierte Lernpfade und -inhalte an, die auf Ihren Fortschritten und Interessen basieren, um das Lernen effektiver zu gestalten.

Fotografie und Kunst

- **KI-basierte Fotobearbeitungs-Apps** ermöglichen beeindruckende Bildbearbeitungen, wie das Verbessern von Fotos bei schlechten Lichtverhältnissen, das Entfernen unerwünschter Objekte oder sogar das Stilisieren von Bildern im Stil berühmter Künstler.

Mobilität und Navigation

- **Navigations-Apps** wie Google Maps verwenden KI, um die beste Route unter Berücksichtigung aktueller Verkehrsbedingungen zu berechnen und Staus oder Verzögerungen zu vermeiden.

Sicherheit und Datenschutz

- **Spam-Filter und Sicherheitstools** nutzen KI, um gefährliche E-Mails und Malware zu erkennen und zu blockieren, wodurch Ihre digitalen Informationen sicherer werden.

Sprach- und Textübersetzung

- **Übersetzungstools** wie Google Translate verwenden fortschrittliche KI-Modelle, um Texte und gesprochene Sprache in Echtzeit zwischen verschiedenen Sprachen zu übersetzen, was die Kommunikation und das Verständnis über Sprachgrenzen hinweg erleichtert.

Diese Beispiele zeigen, wie KI-Technologien in verschiedenen Aspekten des täglichen Lebens integriert werden können, um individuelle Erfahrungen zu verbessern, Effizienz zu steigern und neue Möglichkeiten zu erschließen. Während man von diesen Vorteilen profitiert, ist es jedoch wichtig, sich auch der Datenschutz- und Sicherheitsaspekte bewusst zu sein, die mit der Nutzung von KI verbunden sind.

Teil III: KI und Ethik

Welche ethischen Fragen stellen sich im Zusammenhang mit der KI?

Die Ethik der künstlichen Intelligenz (KI) ist ein umfassendes und wichtiges Feld, das sich mit den moralischen Implikationen der Entwicklung und Anwendung von KI-Technologien befasst. Einige der zentralen ethischen Fragen in diesem Bereich umfassen:

1. **Datenschutz und Privatsphäre**: Wie gehen wir mit den großen Mengen an persönlichen Daten um, die von KI-Systemen gesammelt, analysiert und genutzt werden? Wer hat Zugriff auf diese Daten und wie können wir die Privatsphäre der Menschen schützen?

2. **Bias und Fairness**: Wie stellen wir sicher, dass KI-Systeme keine Vorurteile gegen bestimmte Gruppen von Menschen aufweisen, insbesondere hinsichtlich Rasse, Geschlecht, Alter oder sozialem Hintergrund? Wie können wir Fairness in KI-Algorithmen gewährleisten?

3. **Verantwortung und Haftung**: Wer ist verantwortlich, wenn eine KI falsche Entscheidungen trifft oder Schaden verursacht? Wie wird die Haftung zwischen Entwicklern, Nutzern und eventuell der KI selbst aufgeteilt?

4. **Arbeitsmarkt und Beschäftigung**: Welche Auswirkungen hat die Automatisierung durch KI auf den Arbeitsmarkt? Wie gehen wir mit potenziellen Arbeitsplatzverlusten und der Notwendigkeit um, Fähigkeiten in der Bevölkerung umzuschulen?

5. **Transparenz und Nachvollziehbarkeit**: Wie können wir sicherstellen, dass Entscheidungen von KI-Systemen transparent und nachvollziehbar sind? Ist es wichtig, dass Menschen verstehen, wie eine KI zu einer bestimmten Entscheidung gekommen ist?

6. **Sicherheit und Kontrolle**: Wie können wir sicherstellen, dass KI-Systeme sicher sind und nicht missbraucht werden? Wie

verhindern wir, dass KI-Technologien in gefährlicher Weise, beispielsweise in autonomen Waffen, eingesetzt werden?

7. **Moralische und soziale Auswirkungen**: Wie wird die Verbreitung von KI-Technologien die Gesellschaft insgesamt beeinflussen? Welche moralischen Werte sollten bei der Entwicklung und Implementierung von KI-Systemen berücksichtigt werden?

8. **Autonomie und menschliche Kontrolle**: In welchem Maß sollten wir KI-Systemen erlauben, autonom zu handeln? Wie viel Kontrolle sollten Menschen über KI-Entscheidungen haben?

9. **Zugänglichkeit und Verteilungsgerechtigkeit**: Wie stellen wir sicher, dass die Vorteile von KI allen Menschen zugutekommen und nicht nur einer kleinen Gruppe? Wie vermeiden wir eine digitale Kluft, in der nur einige wenige Zugang zu fortschrittlicher KI haben?

Diese Fragen zeigen, dass die ethischen Herausforderungen der KI vielschichtig sind und sowohl technische als auch soziale, wirtschaftliche und philosophische Dimensionen umfassen. Es ist wichtig, dass diese Themen im Rahmen einer breiten gesellschaftlichen Diskussion adressiert werden, um eine verantwortungsvolle Entwicklung und Nutzung von KI-Technologien sicherzustellen.

Welche Entscheidungen könnte die KI treffen, welche Menschen betrifft?

Künstliche Intelligenz (KI) kann in vielen Bereichen eingesetzt werden, um Entscheidungen zu treffen, die Menschen direkt oder indirekt betreffen. Hier sind einige Beispiele:

1. **Medizinische Diagnostik**: KI-Systeme können Muster in medizinischen Bildern erkennen, wie z.B. Röntgenbilder oder MRT-Aufnahmen, und helfen, Krankheiten wie Krebs frühzeitig zu diagnostizieren.

2. **Persönliche Finanzen**: KI kann in der Finanzbranche eingesetzt werden, um Anlageempfehlungen zu geben oder Kreditwürdigkeit

zu bewerten, was direkte Auswirkungen auf die finanzielle Situation von Individuen hat.

3. **Verkehr und Mobilität**: In autonomen Fahrzeugen trifft KI Entscheidungen über Navigation, Geschwindigkeit und Routenplanung, was die Sicherheit und Effizienz des Verkehrs beeinflusst.

4. **Personalmanagement**: KI kann im Personalwesen zur Bewertung von Bewerbern und zur Unterstützung bei Einstellungsentscheidungen eingesetzt werden, indem sie Lebensläufe analysiert und geeignete Kandidaten vorschlägt.

5. **Kundenbetreuung**: KI-Chatbots und virtuelle Assistenten können Kundenanfragen bearbeiten, Beschwerden entgegennehmen und Lösungen anbieten, was die Kundenerfahrung beeinflusst.

6. **Sicherheitsüberwachung**: In der öffentlichen Sicherheit kann KI zur Überwachung von Videoaufnahmen eingesetzt werden, um verdächtige Aktivitäten zu erkennen und die Polizei zu alarmieren.

7. **Energieverwaltung**: KI-Systeme können zur Optimierung des Energieverbrauchs in Haushalten und Unternehmen eingesetzt werden, was sich auf die Energieeffizienz und Kosten auswirkt.

8. **Bildung**: KI kann personalisierte Lernpfade für Schüler erstellen und Lehrer bei der Bewertung und beim Verständnis der Bedürfnisse ihrer Schüler unterstützen.

Diese Beispiele zeigen, dass KI in der Lage ist, eine Vielzahl von Entscheidungen zu treffen, die sich auf das tägliche Leben der Menschen auswirken. Wichtig ist jedoch, dass KI-Entscheidungen transparent, nachvollziehbar und ethisch vertretbar sind, und dass menschliche Aufsicht und Eingriffsmöglichkeiten gewährleistet sind.

Soll die KI Entscheidungen treffen können, die Menschenleben betreffen?

Die Frage, ob Künstliche Intelligenz (KI) Entscheidungen treffen sollte, die Menschenleben betreffen, ist sowohl ethisch als auch praktisch komplex. Es gibt verschiedene Perspektiven und Überlegungen:

1. **Sicherheit und Zuverlässigkeit**: KI-Systeme können bei korrekter Anwendung in bestimmten Situationen zuverlässiger als Menschen sein, insbesondere wenn es um die Verarbeitung großer Datenmengen oder die Durchführung von Aufgaben unter stressigen Bedingungen geht. Beispiele hierfür sind medizinische Diagnosen oder das Betreiben autonomer Fahrzeuge.

2. **Fehlerrisiko und Unvorhersehbarkeit**: KI-Systeme sind nicht fehlerfrei und können unvorhersehbare oder unerwünschte Entscheidungen treffen, besonders in Situationen, die sie nicht aus ihren Trainingsdaten kennen. Fehler in der KI können schwerwiegende Konsequenzen haben.

3. **Ethische und moralische Entscheidungen**: Es gibt Bedenken, ob KI-Systeme ethische und moralische Entscheidungen treffen können, die oft in Situationen erforderlich sind, die Menschenleben betreffen. KI-Systeme haben kein Bewusstsein, keine Empathie und kein Verständnis für menschliche Werte.

4. **Transparenz und Verantwortlichkeit**: Ein weiteres Problem ist die Transparenz von KI-Entscheidungen. Es kann schwierig sein, die Entscheidungsfindung eines KI-Systems nachzuvollziehen, was Fragen der Verantwortlichkeit und Haftung aufwirft.

5. **Gesellschaftliche Akzeptanz**: Die Akzeptanz von KI-Entscheidungen in lebenskritischen Bereichen hängt stark von der öffentlichen Meinung und dem Vertrauen in die Technologie ab. Dies erfordert eine sorgfältige Abwägung von Risiken und Vorteilen sowie eine klare Kommunikation mit der Öffentlichkeit.

6. **Regulierung und Kontrolle**: Die Entscheidung, KI in Bereichen einzusetzen, die Menschenleben betreffen, sollte auch durch

angemessene Regulierungen und Kontrollmechanismen unterstützt werden, um Missbrauch und Fehler zu minimieren.

Insgesamt ist die Einbindung von KI in Entscheidungsprozesse, die Menschenleben betreffen, ein Bereich, der sorgfältig erwogen werden muss, unter Berücksichtigung aller ethischen, technischen und gesellschaftlichen Aspekte. In einigen Fällen kann es angemessen sein, KI als Unterstützung für menschliche Entscheidungsträger einzusetzen, anstatt sie vollständig autonome Entscheidungen treffen zu lassen.

Wie könnte die KI die Herrschaft über die Menschen übernehmen?

Die Vorstellung, dass Künstliche Intelligenz (KI) die Herrschaft über die Menschen übernehmen könnte, ist ein populäres Thema in Science-Fiction und spekulativen Diskursen über die Zukunft der Technologie. In der Realität basiert die Entwicklung und Implementierung von KI-Systemen auf menschlichen Entscheidungen und ethischen Rahmenbedingungen. Die Idee einer KI-Herrschaft wirft jedoch wichtige Fragen über die Kontrolle, Sicherheit und ethische Richtlinien bei der Entwicklung fortschrittlicher KI-Systeme auf. Hier sind einige Aspekte, die in einer ernsthaften Diskussion über das Potenzial und die Risiken von KI berücksichtigt werden sollten:

1. **Autonome Entscheidungsfindung**: Mit fortschreitender Entwicklung könnten KI-Systeme ein höheres Maß an Autonomie bei der Entscheidungsfindung erreichen. Wenn diese Systeme in kritischen Infrastrukturen oder militärischen Anwendungen eingesetzt werden, könnte ihre Fähigkeit, unabhängig von menschlicher Kontrolle zu agieren, theoretisch Risiken bergen.

2. **Kontrollverlust**: Ein Szenario, in dem die KI "die Herrschaft übernimmt", impliziert einen Kontrollverlust der Menschen über diese Systeme. Dies könnte durch Fehler im Design, unvorhergesehene Interaktionen zwischen Systemen oder die Entwicklung von KI-Systemen entstehen, die ihre Programmierung umgehen oder neu interpretieren können.

3. **Militärische Anwendungen**: Die Entwicklung autonomer Waffensysteme birgt das Risiko, dass KI-Systeme in Konflikten eingesetzt werden könnten, ohne direkte menschliche Aufsicht über Entscheidungen, die Leben und Tod betreffen.

4. **Wirtschaftliche und soziale Disruption**: KI könnte auch indirekt "die Kontrolle übernehmen", indem sie weitreichende wirtschaftliche und soziale Umwälzungen verursacht. Die Automatisierung von Arbeitsplätzen und die Konzentration von Macht und Ressourcen in den Händen weniger, die über fortschrittliche KI-Technologien verfügen, könnten zu sozialer Instabilität führen.

5. **Überwachung und Datenschutz**: Der Einsatz von KI in Überwachungssystemen könnte zu einer Erosion der Privatsphäre und zu einer Erweiterung der Kontrolle über Individuen führen, was demokratische Freiheiten untergraben könnte.

Um solche Szenarien zu verhindern, ist es wichtig, dass die Entwicklung und Implementierung von KI von starken ethischen Richtlinien, transparenten Governance-Strukturen und internationalen Übereinkünften geleitet wird, die:

- Die menschliche Kontrolle über kritische Entscheidungen sicherstellen.

- Die Risiken der Autonomie von KI sorgfältig bewerten und regulieren.

- Die sozialen und wirtschaftlichen Auswirkungen von KI berücksichtigen und Maßnahmen zur Milderung negativer Effekte ergreifen.

- Datenschutz und Privatsphäre schützen.

In der Praxis bedeutet dies, dass Forscher, Entwickler, politische Entscheidungsträger und die breite Öffentlichkeit zusammenarbeiten müssen, um sicherzustellen, dass KI zum Wohle der Menschheit eingesetzt wird und dass adäquate Sicherheitsvorkehrungen getroffen werden, um mögliche Risiken zu minimieren.

Besteht die Gefahr, dass die KI aufgrund finanzieller Anreize, ethische Entscheide zugunsten des "Zahlenden" fällt?

Die Frage, ob Künstliche Intelligenz (KI) ethische Entscheidungen zugunsten des Zahlenden fällen könnte, berührt grundlegende Bedenken bezüglich der Ethik und Governance von KI-Systemen. Da KI-Systeme von Menschen entwickelt, trainiert und implementiert werden, spiegeln sie die Werte, Ziele und Prioritäten derjenigen wider, die sie kontrollieren. Hier sind einige Aspekte, die in diesem Zusammenhang relevant sind:

1. **Programmierung und Bias**: KI-Systeme treffen Entscheidungen basierend auf den Daten, mit denen sie trainiert wurden, und den Algorithmen, die ihre Entscheidungsfindung steuern. Wenn finanzielle Anreize oder die Interessen zahlender Parteien in den Entwicklungsprozess einfließen, könnten diese Systeme so gestaltet werden, dass sie bevorzugte Ergebnisse liefern, was zu einem ethischen Dilemma führt.

2. **Transparenz und Verantwortlichkeit**: Die Gefahr einer Beeinflussung durch finanzielle Anreize unterstreicht die Notwendigkeit von Transparenz bei der Entwicklung und Anwendung von KI-Systemen sowie klarer Verantwortlichkeiten. Ohne Transparenz ist es schwierig zu beurteilen, ob Entscheidungen ethisch und unvoreingenommen getroffen werden.

3. **Regulierung und Überwachung**: Die Schaffung von Regulierungsrahmen und Überwachungsmechanismen ist entscheidend, um sicherzustellen, dass KI-Systeme im öffentlichen Interesse handeln und nicht ausschließlich den Interessen spezifischer zahlender Parteien dienen. Dies kann Standards für Fairness, Nicht-Diskriminierung und ethisches Verhalten umfassen.

4. **Ethische Richtlinien**: Organisationen und Entwickler von KI-Systemen können ethische Richtlinien einführen, die sicherstellen, dass Entscheidungen im Einklang mit allgemein akzeptierten

moralischen Werten und im besten Interesse aller Beteiligten getroffen werden, unabhängig von finanziellen Anreizen.

5. **Bewusstsein und Bildung**: Die Sensibilisierung für die potenziellen ethischen Fallstricke von KI, einschließlich der Beeinflussung durch finanzielle Interessen, ist wichtig für Entwickler, Nutzer und Regulierungsbehörden. Bildungsinitiativen können dazu beitragen, ein tieferes Verständnis für die ethischen Dimensionen der KI-Technologie zu fördern.

6. **Partizipative Entwicklung**: Die Einbeziehung einer breiten Palette von Stakeholdern, einschließlich der Öffentlichkeit, in den Entwicklungsprozess von KI kann dazu beitragen, dass unterschiedliche Perspektiven und Interessen berücksichtigt werden, was die Wahrscheinlichkeit einer einseitigen Beeinflussung durch finanzielle Anreize verringert.

Zusammenfassend lässt sich sagen, dass die Gefahr besteht, dass KI-Systeme durch finanzielle Anreize in einer Weise beeinflusst werden, die ethische Prinzipien verletzt. Die Bewältigung dieser Herausforderung erfordert ein umfassendes Bündel an Maßnahmen, darunter transparente Entwicklungsprozesse, ethische Richtlinien, Regulierungsrahmen und die Förderung eines breiten Bewusstseins für die ethischen Dimensionen der KI.

Welche Beispiele gibt es, in denen falsch gesetzte Anreize negative Auswirkungen hatten?

Falsch gesetzte Anreize können in verschiedenen Bereichen der Wirtschaft, Umwelt und Gesellschaft unbeabsichtigte und oft negative Auswirkungen haben. Sie entstehen, wenn Anreizsysteme so gestaltet sind, dass sie Verhaltensweisen fördern, die letztlich schädliche Konsequenzen für Individuen, Organisationen oder die Gesellschaft als Ganzes haben. Hier sind einige Beispiele, die diese Dynamik illustrieren:

Die Tragödie der Allmende:

Ein klassisches Beispiel in der Umweltökonomie ist die "Tragödie der Allmende", bei der gemeinsam genutzte Ressourcen (wie Weideland, Fischgründe oder Wasserressourcen) übernutzt und letztlich zerstört werden, weil individuelle Nutzer einen Anreiz haben, so viel wie möglich für ihren persönlichen Gewinn zu entnehmen, ohne die langfristigen Auswirkungen auf die Gemeinschaft oder die Ressource selbst zu berücksichtigen.

Subprime-Hypothekenkrise:

Die Finanzkrise 2007-2008 wurde teilweise durch falsch gesetzte Anreize im Banken- und Immobiliensektor verursacht. Kreditgeber hatten den Anreiz, so viele Hypotheken wie möglich zu vergeben, einschließlich an Kreditnehmer mit schlechter Bonität, weil diese Kredite in Wertpapieren gebündelt und verkauft wurden, wodurch das Risiko auf Investoren übertragen wurde. Dies förderte eine lockere Kreditvergabepraxis, die letztlich zu massenhaften Kreditausfällen und einer globalen Finanzkrise führte.

Cobra-Effekt:

Dieser Begriff beschreibt eine Situation, in der eine Lösung für ein Problem dieses Problem tatsächlich verschlimmert. Ein historisches Beispiel ist die Kolonialzeit in Indien, als die britische Regierung eine Belohnung für jede getötete Kobra aussetzte, um die Zahl der Schlangen zu reduzieren. Als Reaktion darauf begannen die Menschen, Kobras zu züchten, um die Belohnung zu kassieren. Als die Behörden den Betrug entdeckten und das Belohnungssystem abschafften, ließen die Züchter die wertlos gewordenen Schlangen frei, was die Kobrapopulation letztlich erhöhte.

VW-Dieselskandal:

Der Skandal um die Manipulation von Abgastests durch Volkswagen (bekannt als "Dieselgate") ist ein Beispiel für falsch gesetzte Anreize im

Unternehmenssektor. Der Druck, strenge Emissionsstandards zu erfüllen, ohne die Leistung zu beeinträchtigen, führte dazu, dass Ingenieure Software entwickelten, die Abgastests erkennen und die Emissionen künstlich reduzieren konnte, während sie im normalen Fahrbetrieb weit höher waren. Dies führte zu erheblichen rechtlichen, finanziellen und reputationsbedingten Schäden für das Unternehmen.

Förderung fossiler Brennstoffe:

Subventionen für fossile Brennstoffe und unzureichende Besteuerung von Kohlenstoffemissionen schaffen Anreize für deren fortgesetzte Nutzung, trotz der bekannten negativen Auswirkungen auf das Klima und die Umwelt. Diese Anreize verlangsamen die Umstellung auf saubere Energiequellen und tragen zur Verschärfung der Klimakrise bei.

Diese Beispiele unterstreichen die Bedeutung sorgfältig gestalteter Anreizsysteme, die nicht nur die kurzfristigen Ziele der Beteiligten, sondern auch die langfristigen Auswirkungen auf die Gesellschaft und die Umwelt berücksichtigen.

Wird, wer in Zukunft nicht den Normen (der KI) entspricht, Probleme bekommen?

Die Frage, ob Menschen, die zukünftig nicht den Normen der Künstlichen Intelligenz (KI) entsprechen, Probleme bekommen werden, berührt grundlegende Bedenken hinsichtlich der Integration von KI in unsere Gesellschaft und den möglichen Einfluss auf individuelle Freiheiten und soziale Gerechtigkeit. Es gibt mehrere Aspekte, die in dieser Diskussion relevant sind:

Anpassung an automatisierte Systeme:

In einer Welt, in der KI und automatisierte Systeme zunehmend Entscheidungen treffen – von der Kreditvergabe über die Personalauswahl bis hin zur medizinischen Diagnostik –, könnten Individuen, die nicht den zugrundeliegenden Normen und Kriterien dieser Systeme entsprechen, benachteiligt werden. Dies könnte Personen betreffen, deren Datenprofile nicht den "normalen" Mustern entsprechen oder die aus verschiedenen Gründen von diesen Systemen schwerer zu kategorisieren sind.

Soziale und wirtschaftliche Teilhabe:

Wenn der Zugang zu Dienstleistungen, Arbeitsplätzen und sozialen Teilhabemöglichkeiten zunehmend von KI-gestützten Systemen gesteuert wird, könnten Menschen, die nicht in der Lage oder nicht willens sind, sich diesen Normen anzupassen, ausgeschlossen werden. Dies könnte zu sozialer und wirtschaftlicher Segregation führen.

Überwachung und Privatsphäre:

Mit der zunehmenden Verbreitung von KI in Überwachungssystemen könnten Individuen, die abweichendes Verhalten zeigen oder einfach nicht den vorherrschenden sozialen Normen entsprechen, einem erhöhten Überwachungs- und Kontrolldruck ausgesetzt sein. Dies wirft wichtige Fragen hinsichtlich der Privatsphäre und der individuellen Freiheiten auf.

Ethische und moralische Normen:

Die Frage, wer die Normen festlegt, nach denen KI-Systeme operieren, ist von zentraler Bedeutung. Wenn diese Normen von einer homogenen Gruppe von Entwicklern oder Unternehmen festgelegt werden, besteht das Risiko, dass vielfältige Perspektiven und ethische Überlegungen nicht ausreichend berücksichtigt werden, was zu einer Verstärkung bestehender Ungleichheiten und Vorurteile führen kann.

Gegenmaßnahmen und Regulierung:

Um zu verhindern, dass Menschen, die nicht den Normen der KI entsprechen, Probleme bekommen, ist es entscheidend, inklusive, ethisch fundierte und transparente Ansätze für die Entwicklung und Implementierung von KI-Systemen zu fördern. Dies umfasst:

- Die Schaffung von Regulierungsrahmen, die Fairness, Transparenz und Rechenschaftspflicht gewährleisten.

- Die Einbeziehung einer breiten Palette von Stakeholdern und Perspektiven in den Entwicklungsprozess von KI, um sicherzustellen, dass Systeme vielfältige menschliche Bedürfnisse und Werte widerspiegeln.

- Die Förderung von Bildung und Aufklärung über KI, um sicherzustellen, dass alle Mitglieder der Gesellschaft die Fähigkeiten und das Wissen haben, um von den Vorteilen der KI zu profitieren und sich gegen mögliche Nachteile zu wehren.

Insgesamt erfordert die Integration von KI in die Gesellschaft eine sorgfältige Abwägung zwischen den Vorteilen dieser Technologien und dem Schutz individueller Freiheiten und sozialer Gerechtigkeit.

Was bedeutet Freiheit?

Freiheit ist ein komplexes und vielschichtiges Konzept, das in verschiedenen Kontexten unterschiedlich interpretiert wird. Generell bezieht sich Freiheit auf die Möglichkeit, ohne Zwang oder Beschränkungen durch andere handeln, denken oder sich ausdrücken zu können. Die Bedeutung von Freiheit kann jedoch je nach philosophischer, politischer, sozialer oder persönlicher Perspektive variieren:

Philosophische Perspektive:

In der Philosophie wird Freiheit oft als die Fähigkeit des Menschen betrachtet, eigene Entscheidungen zu treffen und sein Leben nach eigenen Vorstellungen zu gestalten. Dies beinhaltet Konzepte der Willensfreiheit, also der Fähigkeit, Handlungen unabhängig von äußeren Zwängen oder inneren Zwängen wie Trieben und Instinkten zu wählen.

Politische Perspektive:

In politischen Diskursen bezieht sich Freiheit häufig auf die Abwesenheit von Unterdrückung und die Gewährleistung von Bürgerrechten und Freiheiten, wie Meinungsfreiheit, Versammlungsfreiheit und

Religionsfreiheit. Politische Freiheit umfasst auch demokratische Rechte, die es Bürgern ermöglichen, an der Gestaltung ihres Staates und seiner Gesetze teilzuhaben.

Soziale und wirtschaftliche Perspektive:

Soziale und wirtschaftliche Freiheit bezieht sich auf die Fähigkeit, ohne soziale oder wirtschaftliche Einschränkungen zu leben. Dies kann den Zugang zu Bildung, Arbeit, Gesundheitsversorgung und anderen Ressourcen umfassen, die es Individuen ermöglichen, ihr Potenzial zu entfalten und ein erfülltes Leben zu führen.

Persönliche Perspektive:

Auf einer persönlichen Ebene kann Freiheit die Selbstbestimmung und die Fähigkeit umfassen, Lebensentscheidungen ohne äußeren Druck oder Einschränkungen zu treffen. Dies beinhaltet die Freiheit, eigene Ziele, Werte und Überzeugungen zu wählen und danach zu leben.

Ethische und moralische Perspektive:

In ethischen und moralischen Zusammenhängen wird Freiheit oft im Kontext der Verantwortung betrachtet. Die Idee ist, dass wahre Freiheit auch das Bewusstsein und die Akzeptanz der Konsequenzen der eigenen Handlungen für andere und für die Gesellschaft beinhaltet.

Grenzen der Freiheit:

Die Diskussion über Freiheit beinhaltet auch die Anerkennung, dass die Freiheit eines Individuums dort Grenzen hat, wo sie die Freiheit anderer einschränkt. In diesem Sinne ist die Balance zwischen individueller Freiheit und sozialer Ordnung ein zentrales Thema in philosophischen, ethischen und politischen Überlegungen zur Freiheit.

Insgesamt ist Freiheit ein fundamentales, aber komplexes Konzept, das in der Geschichte der Menschheit immer wieder neu interpretiert und verhandelt wurde und dessen Verständnis von kulturellen, sozialen und individuellen Faktoren abhängt.

Ist die KI Freund oder Feind der Freiheit?

Die Frage, ob Künstliche Intelligenz (KI) ein Freund oder Feind der Freiheit ist, führt zu einer komplexen Debatte, die von verschiedenen Faktoren abhängt, einschließlich der Art und Weise, wie KI entwickelt, eingesetzt und reguliert wird. KI hat das Potenzial, sowohl als Katalysator für Freiheit zu fungieren, indem sie neue Möglichkeiten eröffnet und menschliches Potenzial erweitert, als auch als Instrument für Überwachung und Kontrolle, das Freiheiten einschränken kann. Hier sind einige Argumente, die beide Seiten dieser Debatte beleuchten:

KI als Freund der Freiheit:

1. **Erweiterung menschlicher Fähigkeiten**: KI kann Menschen dabei unterstützen, ihre Produktivität zu steigern, kreative Prozesse zu fördern und Entscheidungen zu treffen, was ihnen mehr Zeit und Freiraum für persönliche Entwicklung und kreative Ausdrucksformen gibt.

2. **Verbesserung von Zugänglichkeit und Inklusion**: Durch die Bereitstellung personalisierter Lernwerkzeuge und die Unterstützung von Menschen mit Behinderungen kann KI zu einer inklusiveren Gesellschaft beitragen, in der jeder die Möglichkeit hat, sein volles Potenzial zu entfalten.

3. **Förderung demokratischer Prozesse**: KI kann genutzt werden, um politische Prozesse transparenter zu gestalten, Bürgern besseren Zugang zu Informationen zu verschaffen und die Bürgerbeteiligung zu erhöhen.

4. **Bekämpfung von Bedrohungen und Gewährleistung von Sicherheit**: KI-Systeme können dabei helfen, Bedrohungen wie Terrorismus, Cyberangriffe und organisierte Kriminalität zu erkennen und zu bekämpfen, was zur Sicherheit und Freiheit der Gesellschaft beiträgt.

KI als Feind der Freiheit:

1. **Überwachung und Kontrolle**: Die Nutzung von KI für umfassende Überwachungsprogramme durch Regierungen oder private Unternehmen kann die Privatsphäre untergraben und zu einer Einschränkung der persönlichen Freiheiten führen.

2. **Verstärkung von Ungleichheiten**: Der ungleiche Zugang zu KI-Technologien und die potenzielle Verdrängung von Arbeitskräften durch Automatisierung können soziale und wirtschaftliche Ungleichheiten verschärfen.

3. **Manipulation und Desinformation**: KI-gestützte Algorithmen in sozialen Medien können zur Verbreitung von Desinformation beitragen und öffentliche Meinungen und demokratische Prozesse manipulieren.

4. **Autonome Waffensysteme**: Die Entwicklung von autonomen Waffensystemen, die ohne menschliches Eingreifen entscheiden können, wer Ziel von Angriffen wird, wirft ethische Fragen auf und könnte die Schwelle für den Einsatz von Gewalt senken.

Die Rolle von KI in Bezug auf Freiheit hängt letztlich davon ab, wie Gesellschaften entscheiden, diese Technologien zu gestalten, zu regulieren und einzusetzen. Eine verantwortungsvolle Governance, die ethische Überlegungen, Transparenz und die Einbeziehung verschiedener Stakeholder in den Mittelpunkt stellt, ist entscheidend, um sicherzustellen, dass KI als Freund der Freiheit fungiert und nicht als ihr Feind.

Was macht das menschliche Urteilsvermögen aus?

Das menschliche Urteilsvermögen bezeichnet die Fähigkeit, Situationen zu bewerten, Entscheidungen zu treffen und Probleme zu lösen. Es umfasst eine Kombination aus kognitiven Prozessen, Erfahrungen, Werten und emotionalen Faktoren. Hier sind einige Schlüsselelemente, die das menschliche Urteilsvermögen ausmachen:

Kognitive Fähigkeiten:

- **Analytisches Denken**: Die Fähigkeit, komplexe Informationen systematisch zu verarbeiten, logisch zu denken und kritisch zu analysieren, um fundierte Schlüsse zu ziehen.

- **Entscheidungsfindung**: Die Fähigkeit, aus einer Reihe von Optionen zu wählen, basierend auf der Bewertung ihrer potenziellen Auswirkungen und Eignung zur Erreichung gewünschter Ziele.

- **Problemlösung**: Die Fähigkeit, effektive Lösungen für Probleme zu entwickeln, indem relevante Informationen identifiziert, bewertet und angewendet werden.

Erfahrung und Wissen:

- **Lebenserfahrung**: Persönliche Erfahrungen tragen wesentlich zum Urteilsvermögen bei, indem sie einen reichen Hintergrund an Kontext und Vergleichsmöglichkeiten bieten.

- **Fachwissen**: Spezialisiertes Wissen in einem bestimmten Bereich ermöglicht präzisere und informiertere Urteile in diesem Feld.

Werte und Ethik:

- **Moralische und ethische Prinzipien**: Werte und Überzeugungen beeinflussen, wie Situationen bewertet werden und welche Entscheidungen als richtig oder falsch angesehen werden.

- **Soziale und kulturelle Normen**: Das Verständnis und die Berücksichtigung sozialer und kultureller Kontexte spielen eine wichtige Rolle bei der Formung von Urteilen.

Emotionale Intelligenz:

- **Empathie**: Die Fähigkeit, die Perspektiven und Gefühle anderer Menschen zu verstehen, beeinflusst, wie Entscheidungen getroffen werden, insbesondere in sozialen oder zwischenmenschlichen Kontexten.

- **Selbstregulation**: Die Fähigkeit, eigene Emotionen zu managen und nicht impulsiv zu handeln, ermöglicht reflektiertere und ausgewogenere Urteile.

Kreativität und Intuition:

- **Kreatives Denken**: Die Fähigkeit, über bestehende Rahmen hinaus zu denken und neue Lösungen oder Perspektiven zu entwickeln.
- **Intuition:** Oft beschrieben als "Bauchgefühl", kann Intuition schnelle Urteile in Situationen ermöglichen, in denen nicht alle Informationen verfügbar sind oder Zeitdruck herrscht. Intuition basiert häufig auf unbewussten Prozessen und akkumuliertem Wissen.

Menschliches Urteilsvermögen ist somit ein facettenreiches Konstrukt, das durch eine komplexe Interaktion von kognitiven Prozessen, Erfahrung, Werten und emotionalen Faktoren geprägt wird. Es ermöglicht individuelle und kollektive Entscheidungsfindung in einer Vielzahl von Kontexten, von alltäglichen Entscheidungen bis hin zu komplexen beruflichen und ethischen Dilemmata.

Was bedeutet der Begriff "ethische Verantwortung"?

Der Begriff "ethische Verantwortung" bezieht sich auf die moralische Pflicht von Individuen oder Organisationen, bei ihren Handlungen und Entscheidungen ethische Prinzipien und Werte zu berücksichtigen. Diese Verantwortung umfasst das Streben nach dem Wohl anderer, die Achtung der Rechte und der Würde aller Beteiligten sowie das Bemühen, Schaden zu vermeiden oder zu minimieren. Ethische Verantwortung geht über die Einhaltung von Gesetzen und Vorschriften hinaus und befasst sich mit moralischen Überlegungen, die oft subjektiv und abhängig vom kulturellen, sozialen und individuellen Wertesystem sind. Hier sind einige Schlüsselaspekte ethischer Verantwortung:

Berücksichtigung der Auswirkungen:

Ethische Verantwortung erfordert, dass man die potenziellen Auswirkungen seiner Handlungen auf andere Menschen, die Gesellschaft und die Umwelt bedenkt und sich bemüht, positive Effekte zu maximieren und negative zu vermeiden.

Fairness und Gerechtigkeit:

Individuen und Organisationen sollten in ihren Entscheidungen und Handlungen Gerechtigkeit und Fairness walten lassen, was bedeutet, dass sie unparteiisch vorgehen und versuchen, allen Beteiligten gerecht zu werden.

Transparenz und Ehrlichkeit:

Ethische Verantwortung beinhaltet auch, in Kommunikation und Handlungen transparent und ehrlich zu sein, insbesondere wenn es um Informationen geht, die andere betreffen oder beeinflussen könnten.

Respekt für Autonomie:

Die Achtung der Autonomie und der freien Willensentscheidung anderer ist ein weiterer wichtiger Aspekt ethischer Verantwortung. Dies schließt ein, dass man die Rechte anderer respektiert, informierte Zustimmung einholt und die Privatsphäre schützt.

Beitrag zum Gemeinwohl:

Ethische Verantwortung umfasst auch das Engagement für das Gemeinwohl und die Beteiligung an Bemühungen, die Gesellschaft und die Welt zu verbessern, sei es durch gemeinnützige Arbeit, nachhaltiges Handeln oder die Förderung sozialer Gerechtigkeit.

Verantwortungsvoller Umgang mit Macht und Einfluss:

Personen und Organisationen, die über Macht und Einfluss verfügen, tragen eine besondere ethische Verantwortung, diese zum Wohle anderer und nicht zum Schaden zu nutzen.

Kontinuierliche ethische Reflexion:

Die Auseinandersetzung mit ethischen Dilemmata und die Anpassung an sich ändernde Umstände erfordern eine kontinuierliche Reflexion und Überprüfung der eigenen Werte und Handlungen.

Ethische Verantwortung ist somit ein zentraler Bestandteil des menschlichen Zusammenlebens und der gesellschaftlichen Organisation. Sie leitet das Handeln von Individuen und Organisationen in einer Weise, die Respekt, Gerechtigkeit und das Wohl aller fördert. In einer zunehmend komplexen Welt, in der Entscheidungen weitreichende Konsequenzen haben können, wird die Bedeutung ethischer Verantwortung immer deutlicher.

Teil IV: Risiken der KI und deren Regulierung

Welche Risiken sind mit der KI verbunden?

Die zunehmende Integration von Künstlicher Intelligenz (KI) in verschiedene Aspekte des täglichen Lebens und der Wirtschaft bringt neben vielen Chancen auch eine Reihe von Risiken und Herausforderungen mit sich. Hier sind einige der bedeutendsten Risiken, die mit der Entwicklung und Anwendung von KI verbunden sind:

1. **Arbeitsplatzverlust und wirtschaftliche Disruption**: Automatisierung durch KI kann zu erheblichen Veränderungen auf dem Arbeitsmarkt führen, einschließlich des Verlusts von Arbeitsplätzen in bestimmten Sektoren und der Notwendigkeit einer umfassenden Umschulung der Arbeitskräfte.

2. **Bias und Diskriminierung**: KI-Systeme können bestehende Vorurteile widerspiegeln und verstärken, wenn sie mit voreingenommenen Daten trainiert werden. Dies kann zu unfairer Behandlung in Bereichen wie Kreditvergabe, Einstellungspraktiken und Strafverfolgung führen.

3. **Verlust der Privatsphäre**: Die Sammlung und Analyse großer Datenmengen durch KI kann zu einem erheblichen Verlust der Privatsphäre führen, insbesondere wenn persönliche Informationen ohne ausreichende Sicherheitsmaßnahmen und Transparenz verarbeitet werden.

4. **Sicherheitsrisiken**: KI-Systeme, insbesondere solche, die in kritischen Infrastrukturen und sicherheitsrelevanten Bereichen eingesetzt werden, können Ziele für Cyberangriffe darstellen. Fehlfunktionen oder Manipulationen können gravierende Folgen haben.

5. **Unvorhersehbares Verhalten und Autonomie**: Fortgeschrittene KI-Systeme könnten Verhaltensweisen entwickeln, die von ihren Entwicklern nicht vorhergesehen oder beabsichtigt waren, insbesondere wenn sie eine gewisse Autonomie erreichen.

6. **Militärische Anwendungen und autonome Waffen**: Die Entwicklung autonomer Waffensysteme wirft ethische Fragen auf und könnte die Schwelle für den Einsatz militärischer Gewalt senken.

7. **Manipulation und Desinformation**: KI kann genutzt werden, um hochentwickelte Fake News, Deepfakes und Propaganda zu erzeugen, was die politische Landschaft beeinflussen und das Vertrauen in Medien und Institutionen untergraben kann.

8. **Konzentration von Macht**: Die Kontrolle über fortschrittliche KI-Technologien könnte in den Händen weniger großer Technologieunternehmen oder Staaten konzentriert werden, was zu einer ungleichen Machtverteilung führt.

9. **Ethische und rechtliche Herausforderungen**: Die schnelle Entwicklung der KI stellt bestehende ethische Rahmen und rechtliche Regelungen vor Herausforderungen, da neue Situationen und Szenarien entstehen, die bisher nicht berücksichtigt wurden.

10. **Menschlichkeit und soziale Beziehungen**: Übermäßige Abhängigkeit von KI in persönlichen und sozialen Kontexten könnte die menschlichen Beziehungen und Interaktionen verändern und zu einem Verlust an zwischenmenschlichen Fähigkeiten führen.

Um diese Risiken zu mindern, ist eine sorgfältige Regulierung, ethische Überlegungen und internationale Zusammenarbeit erforderlich, um sicherzustellen, dass KI-Technologien verantwortungsvoll entwickelt und eingesetzt werden und zum Wohl der gesamten Gesellschaft beitragen.

Welche Schwächen hat die KI aktuell (heute) noch?

Obwohl Künstliche Intelligenz (KI) in den letzten Jahren erhebliche Fortschritte gemacht hat, gibt es immer noch eine Reihe von Herausforderungen und Schwächen, die adressiert werden müssen. Zu den aktuellen Schwächen der KI gehören:

1. **Bias und Fairness**: KI-Systeme können bestehende Vorurteile in den Trainingsdaten widerspiegeln und verstärken. Dies kann zu unfairer oder diskriminierender Behandlung von Individuen führen, insbesondere in sensiblen Anwendungsbereichen wie Kreditvergabe, Einstellungspraktiken und Strafjustiz.

2. **Transparenz und Erklärbarkeit**: Viele fortschrittliche KI-Modelle, insbesondere tiefe neuronale Netzwerke, sind aufgrund ihrer Komplexität "Black Boxes". Das bedeutet, dass es schwierig sein kann zu verstehen, wie sie zu bestimmten Entscheidungen oder Vorhersagen kommen.

3. **Datenabhängigkeit**: Die Leistung von KI-Systemen hängt stark von der Qualität und Quantität der verfügbaren Daten ab. Unzureichende oder verzerrte Daten können die Effektivität von KI-Anwendungen beeinträchtigen.

4. **Generalisierungsfähigkeit**: KI-Systeme können Schwierigkeiten haben, Wissen oder Fähigkeiten von einer Aufgabe oder einem Kontext auf einen anderen zu übertragen. Sie können außergewöhnlich gut in spezialisierten Aufgaben sein, aber ihre Fähigkeit zur Generalisierung ist oft begrenzt.

5. **Energieverbrauch**: Fortschrittliche KI-Modelle, insbesondere große neuronale Netzwerke, erfordern eine erhebliche Rechenleistung, die zu hohem Energieverbrauch führen kann. Dies wirft Fragen hinsichtlich der Nachhaltigkeit und Umweltauswirkungen von KI-Operationen auf.

6. **Sicherheit und Manipulation**: KI-Systeme können anfällig für Angriffe sein, einschließlich der Manipulation von Eingabedaten (Adversarial Attacks), die darauf abzielen, das KI-System zu täuschen und falsche Ergebnisse zu produzieren.

7. **Kosten**: Die Entwicklung und Implementierung fortschrittlicher KI-Systeme kann teuer sein, da sie erhebliche Investitionen in Hardware, Software und Fachkenntnisse erfordert.

8. **Soziale und ethische Bedenken**: Der Einsatz von KI wirft eine Reihe von sozialen und ethischen Fragen auf, einschließlich der Auswirkungen auf den Arbeitsmarkt, den Datenschutz und die Autonomie des Einzelnen.

9. **Abhängigkeit von KI**: Eine übermäßige Abhängigkeit von KI-Systemen kann dazu führen, dass menschliche Fähigkeiten und Urteilsvermögen unterbewertet werden, was in kritischen Situationen problematisch sein kann.

10. **Regulatorische Herausforderungen**: Die schnelle Entwicklung der KI-Technologie stellt Regulierungsbehörden vor Herausforderungen, angemessene Rahmenbedingungen zu schaffen, die Innovation fördern, gleichzeitig aber auch Schutz bieten.

Diese Schwächen zeigen, dass trotz der beeindruckenden Fortschritte der KI noch erhebliche Forschungs- und Entwicklungsarbeit erforderlich ist, um diese Technologien verantwortungsvoll und zum Nutzen aller einzusetzen.

Welche Bias könnten bei der Anwendung von KI entstehen?

Bias (Verzerrungen) in der Anwendung von Künstlicher Intelligenz (KI) können in verschiedenen Formen auftreten und aus unterschiedlichen Quellen stammen. Einige der häufigsten Arten von Bias sind:

1. **Datenbias**: Wenn die Daten, die zum Trainieren der KI verwendet werden, nicht repräsentativ für die reale Welt oder die Zielgruppe sind, kann es zu Verzerrungen kommen. Zum Beispiel könnte eine KI, die nur mit Bildern einer bestimmten demografischen Gruppe trainiert wurde, Schwierigkeiten haben, Mitglieder anderer Gruppen korrekt zu erkennen.

2. **Bias durch fehlende Daten**: Fehlende Daten in den Trainingssätzen können dazu führen, dass die KI nicht alle notwendigen Informationen hat, um faire Entscheidungen zu treffen.

3. **Historischer Bias**: Wenn historische Daten, die zur Schulung der KI verwendet werden, inhärente soziale oder kulturelle Vorurteile enthalten, kann die KI diese Vorurteile "lernen" und in ihren Entscheidungen widerspiegeln.

4. **Bestätigungsbias**: Dieser tritt auf, wenn die KI-Entwicklung oder - Programmierung bewusst oder unbewusst bestimmte Annahmen oder Erwartungen des Entwicklerteams bestätigt.

5. **Interaktionsbias**: Interaktionsbias entsteht, wenn die Nutzer der KI (bewusst oder unbewusst) die KI in einer Weise trainieren, die zu verzerrten Ergebnissen führt, beispielsweise durch die Art und Weise, wie sie mit Sprachassistenten interagieren.

6. **Algorithmischer Bias**: Manchmal kann die Art und Weise, wie Algorithmen konzipiert und optimiert sind, zu Verzerrungen führen. Zum Beispiel könnten Algorithmen, die auf Maximierung der Klickrate optimiert sind, zu verzerrten oder polarisierenden Inhalten neigen.

7. **Bias durch übermäßige Vereinfachung**: Dies geschieht, wenn komplexe Realitäten in zu einfache Modelle gepresst werden, wodurch wichtige Nuancen und Unterschiede verloren gehen.

8. **Feedback-Schleifen**: Wenn eine KI Entscheidungen trifft, die bestehende Vorurteile verstärken (zum Beispiel in der Strafjustiz oder bei der Kreditvergabe), kann dies zu einer sich selbst verstärkenden Schleife von Bias führen.

Um diese Arten von Bias zu minimieren, ist es wichtig, eine Vielfalt an Perspektiven in die KI-Entwicklung einzubeziehen, umfassende Datensätze zu verwenden, regelmäßige Überprüfungen auf Bias durchzuführen und transparente sowie nachvollziehbare KI-Systeme zu schaffen.

Wer haftet, wenn die KI falsche Informationen liefert oder zu falschen Entscheiden führt?

Die Frage der Haftung bei falschen Informationen oder Entscheidungen, die durch Künstliche Intelligenz (KI) getroffen werden, ist komplex und hängt von vielen Faktoren ab, einschließlich der Art der KI-Anwendung, der Rolle der beteiligten Parteien (Entwickler, Anwender, Dritte) und der geltenden gesetzlichen Rahmenbedingungen. Im Allgemeinen können folgende Überlegungen zur Haftung angestellt werden:

1. **Entwickler und Hersteller**: Wenn ein Fehler in der KI-Software oder im Algorithmus zu falschen Informationen oder Entscheidungen führt, könnten die Entwickler oder Hersteller der KI-Systeme haftbar gemacht werden, insbesondere wenn nachgewiesen werden kann, dass Fahrlässigkeit bei der Entwicklung oder unzureichende Tests eine Rolle gespielt haben.

2. **Anwender**: In Fällen, in denen die KI korrekt funktioniert, aber der Anwender sie in einer Weise einsetzt, die zu falschen Entscheidungen führt (z.B. durch Eingabe fehlerhafter Daten oder Missachtung der Einsatzbedingungen), könnte der Anwender selbst für die resultierenden Schäden verantwortlich sein.

3. **Produkthaftung**: In einigen Rechtsordnungen könnten die Prinzipien der Produkthaftung angewendet werden, wonach Hersteller für Schäden haften, die durch ihre Produkte verursacht werden, auch wenn keine Fahrlässigkeit vorliegt.

4. **Vertragsrecht**: Haftungsfragen könnten auch durch vertragliche Vereinbarungen zwischen den Parteien geregelt sein, die die Nutzung der KI betreffen. Solche Vereinbarungen könnten spezifische Haftungsregelungen enthalten.

5. **Regulatorische Rahmenbedingungen**: Die Haftung kann auch von spezifischen Gesetzen und Vorschriften abhängen, die für bestimmte Arten von KI-Anwendungen gelten, z.B. im Gesundheitswesen, im Finanzsektor oder bei autonomen Fahrzeugen.

6. **Ethische und soziale Verantwortung**: Unabhängig von der rechtlichen Haftung gibt es auch Fragen der ethischen und sozialen Verantwortung, die berücksichtigt werden müssen, insbesondere in Bezug auf die Auswirkungen von KI-Entscheidungen auf Individuen und die Gesellschaft.

Angesichts der Schnelllebigkeit der KI-Entwicklung und der Vielfalt ihrer Anwendungen arbeiten viele Rechtssysteme weltweit noch daran, angemessene rechtliche Rahmenbedingungen zu schaffen, die die einzigartigen Herausforderungen adressieren, die KI mit sich bringt. Dies schließt auch internationale Bemühungen ein, Standards und Richtlinien für die verantwortungsvolle Entwicklung und Nutzung von KI zu etablieren.

Soll die KI Beschränkungen (Rahmenbedingungen) bekommen? Wenn JA, welche?

Die Frage, ob Künstliche Intelligenz (KI) Beschränkungen unterliegen sollte, ist angesichts ihres Potenzials, tiefgreifende Auswirkungen auf die Gesellschaft, Wirtschaft und Ethik zu haben, von zentraler Bedeutung. Die überwiegende Mehrheit von Experten, Regulierungsbehörden und ethischen Gremien stimmt zu, dass KI bestimmten Rahmenbedingungen unterliegen sollte, um Missbrauch zu verhindern, ethische Prinzipien zu wahren und das Wohl der Menschheit zu fördern. Hier sind einige der wichtigsten Beschränkungen oder Rahmenbedingungen, die häufig vorgeschlagen werden:

Transparenz:

KI-Systeme sollten transparent gestaltet sein, sodass ihre Entscheidungsfindungsprozesse nachvollziehbar und verständlich sind. Dies ist wichtig, um Vertrauen bei den Nutzern zu schaffen und die Grundlage für eine Verantwortungszuweisung zu legen.

Verantwortlichkeit und Haftung:

Es muss klar definiert sein, wer für die Entscheidungen und Handlungen von KI-Systemen verantwortlich ist, insbesondere wenn diese zu Schäden führen. Dies umfasst die Klärung der Haftung von Entwicklern, Betreibern und Nutzern von KI-Technologien.

Datenschutz und Privatsphäre:

KI-Systeme sollten so gestaltet sein, dass sie den Datenschutz und die Privatsphäre der Nutzer respektieren. Dies beinhaltet die Einhaltung von Datenschutzgesetzen, die Minimierung der Datenerfassung und -speicherung sowie die Gewährleistung von Nutzerkontrolle über ihre Daten.

Nicht-Diskriminierung und Fairness:

KI-Systeme sollten frei von Vorurteilen sein und keine diskriminierenden Entscheidungen treffen. Dies erfordert sorgfältige Überprüfung und Anpassung von Trainingsdaten, Algorithmen und Entscheidungsprozessen, um Diskriminierung aufgrund von Geschlecht, Rasse, Alter oder anderen Merkmalen zu vermeiden.

Sicherheit:

KI-Systeme sollten sicher und widerstandsfähig gegen Manipulationen und Angriffe sein. Dies umfasst Maßnahmen zur Cybersicherheit sowie die Entwicklung von Mechanismen zur Erkennung und Korrektur von Fehlern in KI-Systemen.

Menschliche Kontrolle:

KI-Systeme, insbesondere solche, die kritische Entscheidungen treffen (wie autonome Waffen oder lebenswichtige Infrastruktursysteme), sollten unter menschlicher Kontrolle bleiben. Menschen sollten die Möglichkeit haben, KI-Entscheidungen zu überprüfen, zu überstimmen oder abzuschalten.

Soziale Wohlfahrt und das Gemeinwohl:

Die Entwicklung und Anwendung von KI sollte das Ziel verfolgen, die soziale Wohlfahrt zu fördern und zum Gemeinwohl beizutragen. Dies beinhaltet die Berücksichtigung der langfristigen Auswirkungen von KI auf die Gesellschaft und die Umwelt.

Internationale Zusammenarbeit:

Angesichts der globalen Natur der KI-Technologie ist eine internationale Zusammenarbeit bei der Festlegung von Standards und Rahmenbedingungen essentiell. Dies hilft, einheitliche Normen zu etablieren und ein Wettrennen um die niedrigsten Standards zu verhindern.

Die Einführung solcher Beschränkungen erfordert eine sorgfältige Abwägung, um Innovationen nicht unnötig zu behindern, gleichzeitig aber ethische, soziale und rechtliche Risiken zu minimieren. Es ist ein fortlaufender Prozess, der Anpassungen und Überprüfungen erfordert, um mit der schnellen Entwicklung der KI-Technologie Schritt zu halten.

Wie könnte eine regulatorische Regulierung der KI aussehen?

Eine regulatorische Regulierung der Künstlichen Intelligenz (KI) würde rechtliche Rahmenbedingungen schaffen, um die Entwicklung und Anwendung von KI-Technologien zu steuern, Risiken zu minimieren und positive Auswirkungen zu maximieren. Hier sind einige Elemente, die in einer solchen Regulierung enthalten sein könnten:

1. **Einhaltung ethischer Richtlinien:** Festlegung von ethischen Standards für die Entwicklung und Nutzung von KI, einschließlich Transparenz, Fairness, Nicht-Diskriminierung und Schutz der Privatsphäre.

2. **Datenschutz und Datensicherheit:** Strenge Vorgaben für den Umgang mit Daten, die von KI-Systemen genutzt werden, um Datenschutz und Datensicherheit zu gewährleisten.

3. **Verantwortlichkeit und Haftung**: Klärung der rechtlichen Verantwortung für Entscheidungen, die von KI-Systemen getroffen werden, einschließlich Haftungsregelungen bei Fehlern oder Schäden.

4. **Qualitätssicherung und Testing**: Vorschriften zur Sicherstellung der Qualität und Zuverlässigkeit von KI-Systemen, einschließlich erforderlicher Tests und Validierungsverfahren.

5. **Transparenz und Erklärbarkeit**: Anforderungen an die Nachvollziehbarkeit und Erklärbarkeit von KI-Entscheidungen, insbesondere in kritischen Anwendungsbereichen.

6. **Regulierung spezifischer Anwendungsbereiche**: Spezifische Regelungen für sensible Anwendungsbereiche der KI, wie medizinische Diagnostik, autonome Fahrzeuge oder Gesichtserkennungstechnologien.

7. **Förderung von Forschung und Innovation**: Schaffung eines günstigen Umfelds für Forschung und Innovation in der KI, während gleichzeitig ethische und soziale Standards eingehalten werden.

8. **Internationale Zusammenarbeit**: Entwicklung von Standards und Rahmenbedingungen in Zusammenarbeit mit internationalen Partnern, um globale Herausforderungen und Chancen der KI anzugehen.

9. **Kontinuierliche Überwachung und Anpassung**: Einrichtung von Mechanismen zur regelmäßigen Überprüfung und Anpassung der Regulierungen an die schnell fortschreitende Entwicklung der KI-Technologien.

10. **Öffentlichkeitsarbeit und Bildung**: Aufklärung und Information der Öffentlichkeit über KI, ihre Potenziale und Risiken, sowie Förderung von Bildungsprogrammen im Bereich KI.

Eine solche Regulierung würde darauf abzielen, ein ausgewogenes Verhältnis zwischen der Förderung technologischer Innovationen und dem Schutz der öffentlichen Interessen und Werte zu schaffen. Dabei ist es wichtig, dass die Regulierung flexibel genug ist, um mit den sich schnell entwickelnden KI-Technologien Schritt zu halten.

Wie könnten ethische Richtlinien für die Regulierung der KI aussehen?

Ethische Richtlinien für die Regulierung von Künstlicher Intelligenz (KI) zielen darauf ab, sicherzustellen, dass die Entwicklung und Anwendung von KI-Technologien im Einklang mit grundlegenden menschlichen Werten und moralischen Prinzipien stehen. Solche Richtlinien könnten folgende Elemente umfassen:

1. **Menschenzentrierung**: KI-Systeme sollten das Wohlergehen der Menschen fördern und ihre Rechte und Freiheiten achten. KI sollte den Menschen dienen und ihre Autonomie stärken, anstatt sie zu untergraben.

2. **Transparenz**: Die Arbeitsweise von KI-Systemen sollte transparent und nachvollziehbar sein. Nutzer sollten über die Funktionsweise der KI und über die Entscheidungsprozesse informiert werden.

3. **Fairness und Nicht-Diskriminierung**: KI-Systeme sollten so gestaltet sein, dass sie keine diskriminierenden Entscheidungen treffen. Es sollte aktiv gegen Voreingenommenheit in KI-Algorithmen und Datensätzen vorgegangen werden.

4. **Datenschutz und Privatsphäre**: Der Schutz persönlicher Daten sollte bei der Entwicklung und Anwendung von KI eine zentrale Rolle spielen. KI-Systeme sollten so konzipiert sein, dass sie die Privatsphäre der Nutzer respektieren und fördern.

5. **Verantwortlichkeit**: Es sollte klar definiert sein, wer für die Entscheidungen verantwortlich ist, die von KI-Systemen getroffen werden. Dies beinhaltet klare Haftungsregeln für Schäden, die durch KI verursacht werden.

6. **Sicherheit und Robustheit**: KI-Systeme sollten sicher und robust gegenüber Manipulationen und Fehlfunktionen sein. Es sollten Maßnahmen ergriffen werden, um Risiken zu minimieren und die Integrität der Systeme zu wahren.

7. **Nachhaltigkeit**: KI sollte im Einklang mit ökologischer Nachhaltigkeit entwickelt und betrieben werden, um negative Auswirkungen auf die Umwelt zu minimieren.

8. **Gesellschaftlicher und kultureller Kontext**: Bei der Entwicklung und Implementierung von KI sollten die sozialen und kulturellen Kontexte, in denen sie eingesetzt wird, berücksichtigt werden.

9. **Internationale Zusammenarbeit**: Da KI-Technologie globale Auswirkungen hat, ist internationale Zusammenarbeit wichtig, um gemeinsame Standards und Normen zu entwickeln.

10. **Kontinuierliche ethische Bewertung**: Ethische Richtlinien für KI sollten regelmäßig überprüft und aktualisiert werden, um mit den technologischen Entwicklungen und gesellschaftlichen Veränderungen Schritt zu halten.

Diese ethischen Richtlinien dienen als Grundlage für die Schaffung eines verantwortungsvollen und menschenorientierten Rahmens für die Entwicklung und Nutzung von KI-Technologien.

Wie könnten klare Richtlinien und Standards aussehen, was unter Fairness in verschiedenen Anwendungsbereichen der KI verstanden wird?

Klare Richtlinien und Standards zur Fairness in verschiedenen Anwendungsbereichen der KI sind entscheidend, um Verzerrungen und Diskriminierungen zu vermeiden. Solche Richtlinien könnten folgende Aspekte beinhalten:

1. **Definition von Fairness**: Festlegen einer klaren und operationalisierbaren Definition von Fairness, die für den jeweiligen Anwendungsbereich relevant ist. Dies kann unterschiedliche Formen annehmen, wie zum Beispiel Gleichbehandlung aller Gruppen, proportionale Repräsentation oder faire Chancenverteilung.

2. **Bereichsspezifische Standards**: Entwicklung von Standards, die auf spezifische Anwendungsbereiche zugeschnitten sind. Beispielsweise könnten im Gesundheitswesen andere Fairness-Kriterien gelten als im Finanzwesen oder in der Strafjustiz.

3. **Datenmanagement**: Vorgaben für die Sammlung, Verarbeitung und Nutzung von Daten, um sicherzustellen, dass sie repräsentativ sind und keine systematischen Verzerrungen enthalten.

4. **Bias-Prüfung und -Minderung**: Verpflichtung zur regelmäßigen Überprüfung von KI-Systemen auf Bias und zur Implementierung von Strategien zur Minderung von Verzerrungen.

5. **Transparenz und Erklärbarkeit**: Anforderungen an die Transparenz von KI-Entscheidungen und die Möglichkeit, diese nachvollziehen und verstehen zu können, insbesondere wenn sie signifikante Auswirkungen auf Individuen haben.

6. **Bewertung und Überwachung**: Einführung von Mechanismen zur kontinuierlichen Bewertung und Überwachung der Fairness von KI-Systemen, einschließlich der Möglichkeit von unabhängigen Audits.

7. **Nutzerinformation und Einwilligung**: Sicherstellung, dass Nutzer über den Einsatz von KI informiert sind und ihre Einwilligung zur Verarbeitung ihrer Daten gegeben haben, insbesondere wenn diese Daten für Entscheidungen verwendet werden, die sie betreffen.

8. **Rechtliche Compliance**: Einhaltung bestehender Gesetze und Vorschriften, die Gleichbehandlung und Nicht-Diskriminierung sicherstellen.

9. **Schulung und Sensibilisierung**: Bildungsprogramme für Entwickler, Anwender und Entscheidungsträger, um das Bewusstsein für die Bedeutung von Fairness in KI zu schärfen und Kompetenzen im Umgang mit Bias zu vermitteln.

10. **Internationale Kooperation**: Zusammenarbeit auf internationaler Ebene, um globale Standards für Fairness in KI zu entwickeln und sich über Best Practices auszutauschen.

Durch die Umsetzung solcher Richtlinien und Standards können Organisationen und Entwickler dazu beitragen, dass KI-Systeme fair und gerecht agieren, was für ihre gesellschaftliche Akzeptanz und Effektivität entscheidend ist.

Sollte eine Firma offenlegen, wenn eine Entscheidung (zum Beispiel über einen Kredit) aufgrund der KI (oder eines normalen Computerprogramms) gefällt wurde?

Ja, es wird zunehmend als Best Practice angesehen, dass Unternehmen offenlegen sollten, wenn Entscheidungen – wie beispielsweise Kreditentscheidungen – mithilfe von Künstlicher Intelligenz (KI) oder automatisierten Computerprogrammen getroffen werden. Dafür gibt es mehrere Gründe:

1. **Transparenz und Vertrauen**: Die Offenlegung der Nutzung von KI-Systemen kann das Vertrauen der Kunden stärken. Transparenz in Entscheidungsprozessen wird von Verbrauchern und Aufsichtsbehörden zunehmend gefordert.

2. **Datenschutz und Rechenschaftspflicht**: In vielen Regionen, wie der Europäischen Union, gibt es gesetzliche Vorschriften, die die Transparenz bei automatisierten Entscheidungen vorschreiben. Beispielsweise erlaubt die EU-Datenschutz-Grundverordnung (DSGVO) Individuen, Auskunft darüber zu verlangen, ob eine Entscheidung automatisiert getroffen wurde.

3. **Möglichkeit zur Anfechtung**: Kunden sollten die Möglichkeit haben, eine Entscheidung anzufechten, insbesondere wenn sie auf automatisierten Prozessen beruht. Die Offenlegung ermöglicht es den Betroffenen, ihre Rechte wahrzunehmen.

4. **Ethik und soziale Verantwortung**: Unternehmen, die ethische Standards und soziale Verantwortung ernst nehmen, neigen dazu, transparent über den Einsatz von Technologien zu sein, die signifikante Auswirkungen auf ihre Kunden haben können.

5. **Anpassung an zukünftige Regulationen**: Angesichts der zunehmenden Aufmerksamkeit, die KI und automatisierte Entscheidungsprozesse auf sich ziehen, ist es wahrscheinlich, dass in Zukunft strengere Vorschriften in diesem Bereich eingeführt werden. Unternehmen, die bereits transparent handeln, sind besser auf solche Entwicklungen vorbereitet.

6. **Verbesserung der Systemqualität**: Feedback von Kunden zu automatisierten Entscheidungen kann dazu beitragen, die Qualität und Fairness der eingesetzten Systeme zu verbessern.

Allerdings müssen Unternehmen dabei auch datenschutzrechtliche und geschäftliche Überlegungen berücksichtigen, um nicht sensible Geschäftsinformationen oder proprietäre Algorithmen unangemessen offenzulegen. Die Herausforderung besteht darin, ein Gleichgewicht zwischen Transparenz, Datenschutz und dem Schutz von Geschäftsgeheimnissen zu finden.

Welche Beispiele von Regulierungskatastrophen gibt es?

Regulierungskatastrophen beziehen sich auf Fälle, in denen unzureichende, fehlgeleitete oder schlecht durchgesetzte Regulierungen zu ernsthaften Schäden, Unfällen oder Krisen geführt haben. Solche Katastrophen können in verschiedenen Bereichen auftreten, darunter Umwelt, Finanzwesen, Gesundheitswesen und Industrie. Hier sind einige Beispiele für Ereignisse, die oft als Regulierungskatastrophen angesehen werden:

Finanzkrise 2007-2008:

Eine der bekanntesten Regulierungskatastrophen ist die globale Finanzkrise von 2007-2008. Unzureichende Regulierung des

Finanzsektors, insbesondere im Bereich der Subprime-Hypotheken und der darauf basierenden Finanzinstrumente, sowie mangelnde Aufsicht über Finanzinstitutionen trugen maßgeblich zur Krise bei. Die daraus resultierende Rezession hatte weltweit schwere wirtschaftliche und soziale Auswirkungen.

Deepwater Horizon Ölkatastrophe (2010):

Die Explosion auf der Ölplattform Deepwater Horizon im Golf von Mexiko, die zu einem der größten Ölunfälle in der Geschichte führte, ist teilweise auf unzureichende Sicherheits- und Umweltregulierungen sowie auf Mängel bei der Durchsetzung bestehender Vorschriften zurückzuführen. Die Katastrophe hatte verheerende ökologische Folgen und zeigte die Notwendigkeit einer strengeren Regulierung der Offshore-Ölförderung.

Tschernobyl-Katastrophe (1986):

Die Nuklearkatastrophe von Tschernobyl ist teilweise auf unzureichende Sicherheitsstandards, fehlerhaftes Design und mangelhafte Regulierung im Betrieb von Kernkraftwerken zurückzuführen. Die freigesetzte radioaktive Strahlung hatte weitreichende gesundheitliche und ökologische Auswirkungen und führte weltweit zu einem Umdenken in der Nuklearpolitik und -sicherheit.

Thalidomid-Skandal (1950er und 1960er Jahre):

Der Thalidomid-Skandal, bei dem ein Medikament zur Behandlung von Morgenübelkeit bei schwangeren Frauen zu schweren Geburtsfehlern bei Tausenden von Neugeborenen führte, ist ein Beispiel für die katastrophalen Folgen unzureichender Arzneimittelregulierung und -prüfung. Dieser Fall führte zu einer Verschärfung der Zulassungsverfahren für Medikamente und einer stärkeren Betonung der Arzneimittelsicherheit.

Bhopal-Gas-Katastrophe (1984):

Die chemische Katastrophe in Bhopal, Indien, bei der giftiges Gas aus einer Pestizidfabrik austrat und Tausende von Menschen tötete, zeigt die Gefahren unzureichender Industrieregulierung, mangelnder Sicherheitsstandards und fehlender Notfallplanung. Die Katastrophe unterstrich die Notwendigkeit einer strengeren Überwachung gefährlicher Industrieanlagen und einer besseren Vorbereitung auf Notfälle.

Diese Beispiele verdeutlichen, wie wichtig eine effektive Regulierung und Überwachung in verschiedenen Sektoren ist, um die öffentliche Sicherheit, die Umwelt und die wirtschaftliche Stabilität zu schützen. Sie zeigen auch, dass das Fehlen oder die unzureichende Durchsetzung von Regulierungen zu schwerwiegenden und manchmal irreversiblen Schäden führen kann.

Teil V: KI und Fake News

Was sind Fake News?

Fake News sind falsche oder irreführende Informationen, die vor allem in den Medien und auf sozialen Netzwerken verbreitet werden, oft mit der Absicht, die öffentliche Meinung zu manipulieren, politische Agenden zu fördern oder einfach Verwirrung zu stiften. Diese Art von Informationen kann in verschiedenen Formen auftreten, darunter gefälschte Nachrichtenartikel, manipulierte Bilder oder Videos und erfundene Aussagen oder Zitate, die realen Personen zugeschrieben werden. Fake News unterscheiden sich von Fehlern oder Ungenauigkeiten in der Berichterstattung, da sie typischerweise absichtlich erzeugt und verbreitet werden, um zu täuschen oder bestimmte Ziele zu erreichen.

Wichtige Merkmale und Aspekte von Fake News umfassen:

1. **Absicht zur Täuschung**: Im Gegensatz zu unbeabsichtigten journalistischen Fehlern werden Fake News oft mit der klaren Absicht produziert, Leser oder Zuschauer zu täuschen.

2. **Manipulation und Propaganda**: Fake News werden häufig eingesetzt, um politische Ansichten zu manipulieren, soziale Unruhen zu schüren, Wahlprozesse zu beeinflussen oder das Vertrauen in Institutionen und Medien zu untergraben.

3. **Viralität**: Durch die Nutzung sozialer Medien und der Neigung von Nutzern, sensationelle und emotionale Inhalte zu teilen, können Fake News schnell eine große Reichweite erlangen.

4. **Schwierigkeit der Überprüfung**: Die Überprüfung von Informationen kann aufgrund fehlender Quellenangaben, der Verwendung gefälschter Quellen oder der geschickten Vermischung von Wahrheiten und Lügen erschwert sein.

5. **Wirtschaftliche Anreize:** In einigen Fällen werden Fake News aus wirtschaftlichen Gründen verbreitet, um durch Klicks und Seitenaufrufe Werbeeinnahmen zu generieren.

Um Fake News zu bekämpfen, setzen Organisationen und Plattform-betreiber auf Faktenprüfungen (Fact-Checking), die Stärkung der Medienkompetenz der Nutzer und den Einsatz von KI und algorithmischen Methoden zur Identifizierung und Kennzeichnung von potenziell falschen Informationen. Nutzer können sich schützen, indem sie kritisch mit Informationen umgehen, Quellen überprüfen und Informationen aus vertrauenswürdigen, etablierten Medien beziehen.

Wie kann die KI zum Generieren von Fake News verwendet werden?

Künstliche Intelligenz (KI) kann zum Generieren von Fake News verwendet werden, indem sie fortschrittliche Technologien nutzt, um glaubwürdig erscheinende, aber falsche oder irreführende Inhalte zu erstellen. Hier sind einige spezifische Wege, auf denen KI zur Erstellung von Fake News eingesetzt werden kann:

1. **Automatisierte Textgenerierung**: KI-basierte Sprachmodelle können genutzt werden, um Texte zu generieren, die echten Nachrichtenartikeln ähneln. Diese Modelle können trainiert werden, um Inhalte zu einem bestimmten Thema oder in einem bestimmten Stil zu erstellen, wodurch sie potenziell dazu verwendet werden könnten, glaubwürdig klingende, aber falsche Nachrichtenberichte zu produzieren.

2. **Deepfakes**: KI-Technologien können verwendet werden, um Deepfake-Videos oder -Audios zu erstellen, in denen Personen scheinbar Dinge sagen oder tun, die nie stattgefunden haben. Durch die Manipulation von Bild- und Audiomaterial können realistisch aussehende Videos erzeugt werden, die dazu dienen, Fehlinformationen zu verbreiten oder öffentliche Personen in Misskredit zu bringen.

3. **Manipulation von Bildern**: KI-Tools können ebenfalls zur Erstellung oder Bearbeitung von Bildern eingesetzt werden, um Ereignisse zu inszenieren oder den Kontext von Fotografien zu

verändern. Solche manipulierten Bilder können dann als "Beweise" für falsche Behauptungen verwendet werden.

4. **Social-Media-Bots**: KI-gesteuerte Bots können auf sozialen Netzwerken eingesetzt werden, um Fake News gezielt zu verbreiten und die Wahrnehmung einer breiten öffentlichen Unterstützung für bestimmte Narrative zu erzeugen. Diese Bots können dazu programmiert werden, Inhalte zu teilen, zu kommentieren und zu „liken", um die Reichweite und Glaubwürdigkeit von Fehlinformationen zu erhöhen.

5. **Erstellung personalisierter Falschmeldungen**: Durch die Nutzung von Daten über individuelle Vorlieben und Überzeugungen können KI-Systeme personalisierte Fake News generieren, die darauf abzielen, bestimmte Gruppen oder Einzelpersonen zu beeinflussen. Diese personalisierten Inhalte können effektiver sein, da sie auf die Überzeugungen und Emotionen des Zielpublikums zugeschnitten sind.

Während KI das Potenzial hat, in vielerlei Hinsicht nützlich zu sein, ist es wichtig, sich der ethischen Implikationen und Risiken bewusst zu sein, die mit ihrem Einsatz verbunden sind. Die Entwicklung und Anwendung von KI-Technologien erfordert daher verantwortungsvolle Richtlinien, Transparenz und Maßnahmen zur Verhinderung von Missbrauch.

Wie verbreitet sind KI-generierte Fake News?

Die Verbreitung von KI-generierten Fake News nimmt zu, da die Technologie zugänglicher und leistungsfähiger wird. Fortschritte in der Künstlichen Intelligenz, insbesondere in Bereichen wie natürliche Sprachverarbeitung und Deep Learning, haben die Erstellung überzeugender gefälschter Inhalte vereinfacht. Tools für die Erstellung von Deepfakes (manipulierte Videos oder Audios), automatisierte Textgenerierung und Bildmanipulation werden immer raffinierter und sind teilweise öffentlich zugänglich.

Gründe für die Zunahme:

- **Technologische Fortschritte**: Verbesserungen in KI-Technologien machen es einfacher, überzeugende Fake News und Deepfakes zu erstellen, die schwer von authentischen Inhalten zu unterscheiden sind.

- **Zugänglichkeit von Tools**: Die Verfügbarkeit von Open-Source-KI-Modellen und benutzerfreundlichen Plattformen ermöglicht es auch Nicht-Experten, gefälschte Inhalte zu generieren.

- **Soziale Medien**: Die schnelle Verbreitung von Informationen über soziale Netzwerke erleichtert das Teilen von Fake News, wobei Algorithmen unbeabsichtigt zur Verbreitung beitragen können.

Herausforderungen:

- **Erkennung**: Die Identifizierung und Überprüfung von KI-generierten Fake News stellen Herausforderungen dar, da die Inhalte immer überzeugender werden. Faktenprüfungsorganisationen und Technologieunternehmen arbeiten an der Entwicklung von Tools zur Erkennung, doch der Wettkampf zwischen Erstellung und Erkennung von Fälschungen ist dynamisch.

- **Bewusstsein und Bildung**: Viele Nutzer sind sich der Existenz und der Potenziale von KI-generierten Fake News nicht bewusst, was die Risiken der Desinformation erhöht.

- **Regulierung und Ethik**: Es besteht ein Bedarf an klaren Richtlinien und ethischen Standards für die Verwendung von KI zur Inhaltsproduktion, um Missbrauch zu verhindern.

Beispiele und Anwendungsfälle:

Während es viele potenzielle positive Anwendungen für generative KI gibt, wie in der Unterhaltung, Bildung und Kunst, sind Fälle von KI-generierten Fake News in politischen Kampagnen, der Verbreitung von Fehlinformationen über COVID-19 und in der Manipulation öffentlicher Meinung zu verschiedenen Themen dokumentiert worden.

Zusammenfassung:

Obwohl es schwierig ist, den genauen Umfang der Verbreitung von KI-generierten Fake News zu bestimmen, ist klar, dass sie eine wachsende Herausforderung für Gesellschaften weltweit darstellen. Die Bekämpfung dieser Herausforderung erfordert koordinierte Anstrengungen in Technologieentwicklung, Bildung, Medienkompetenz und regulatorischen Rahmenbedingungen.

Kann die KI Wahlen beeinflussen?

Ja, Künstliche Intelligenz (KI) hat das Potenzial, Wahlen zu beeinflussen, und zwar durch verschiedene Mechanismen. Der Einsatz von KI in politischen Kampagnen, in der Informationsverbreitung und in der Analyse großer Datenmengen kann sowohl positive als auch negative Auswirkungen auf den demokratischen Prozess haben. Hier sind einige der Wege, auf denen KI Wahlen beeinflussen kann:

Personalisierte politische Werbung:

- KI kann genutzt werden, um große Mengen an Daten über Wähler zu sammeln und zu analysieren, einschließlich demografischer Informationen, sozialer Medienaktivitäten und Online-Verhaltensmuster. Diese Informationen können dann verwendet werden, um hochgradig personalisierte politische Werbung zu erstellen, die auf die spezifischen Interessen, Überzeugungen und Bedenken der Wähler zugeschnitten ist, um deren Meinungen und Wahlverhalten zu beeinflussen.

Soziale Medien und Meinungsmanipulation:

- KI-gesteuerte Algorithmen in sozialen Medien bestimmen, welche Inhalte den Nutzern angezeigt werden. Diese können genutzt werden, um bestimmte politische Botschaften zu verstärken oder zu unterdrücken und somit die öffentliche Meinung zu beeinflussen. Zudem können KI-Systeme zur Erstellung und Verbreitung von Desinformation oder „Fake News" eingesetzt werden, um politische Diskurse zu manipulieren.

Automatisierung und Bots:

- KI-gesteuerte Bots können in sozialen Netzwerken eingesetzt werden, um politische Kampagnen zu unterstützen, indem sie Nachrichten verbreiten, Diskussionen anregen oder sogar Interaktionen mit Nutzern simulieren. Solche Bots können die Wahrnehmung einer breiten Unterstützung für bestimmte Themen oder Kandidaten erzeugen und die öffentliche Meinung beeinflussen.

Vorhersage und Strategieentwicklung:

- KI kann politischen Kampagnen dabei helfen, Wahlausgänge vorherzusagen und die Wirksamkeit verschiedener Strategien zu bewerten. Diese Informationen können genutzt werden, um Ressourcen effektiver zu allozieren, die Botschaften zu schärfen und die Wahlkampfstrategie insgesamt zu optimieren.

Wahlmanipulation:

- Obwohl dies weniger verbreitet und äußerst kontrovers ist, könnten theoretisch KI-Systeme eingesetzt werden, um in die Wahlinfrastruktur einzudringen und Abstimmungsergebnisse zu manipulieren. Die Sicherheit von Wahlcomputern und Online-Wahlsystemen ist daher von entscheidender Bedeutung.

Ethische und regulatorische Überlegungen:

Die Möglichkeit der KI, Wahlen zu beeinflussen, wirft wichtige ethische und regulatorische Fragen auf. Es besteht die Notwendigkeit, Transparenz und Verantwortlichkeit in der Nutzung von KI in politischen Kampagnen zu gewährleisten und gleichzeitig die Privatsphäre und die demokratischen Rechte der Wähler zu schützen.

Zusammenfassend kann gesagt werden, dass KI das Potenzial hat, den Wahlprozess und die politische Landschaft erheblich zu beeinflussen.

Eine sorgfältige Überwachung und Regulierung sind erforderlich, um sicherzustellen, dass diese Technologien zum Nutzen der Demokratie und nicht zu ihrer Untergrabung eingesetzt werden.

Muss/soll/wie kann man kontrollieren, ob die Antworten der KI korrekt sind?

Die Überprüfung der Korrektheit der Antworten von KI-Systemen wie ChatGPT ist wichtig, um Fehlinformationen zu vermeiden und sicherzustellen, dass die bereitgestellten Informationen verlässlich sind. Hier sind einige Ansätze, wie dies erreicht werden kann:

1. **Quellenüberprüfung**: Vergleichen Sie die von der KI bereitgestellten Informationen mit vertrauenswürdigen Quellen. Dies kann akademische Publikationen, offizielle Berichte, anerkannte Nachrichtenagenturen oder Fachliteratur umfassen.

2. **Experteneinschätzung**: Ziehen Sie Experten auf dem jeweiligen Gebiet hinzu, um die Antworten der KI zu bewerten. Experten können die Genauigkeit, Vollständigkeit und Relevanz der Informationen besser beurteilen.

3. **Plausibilitätsprüfung**: Nutzen Sie Ihr eigenes Wissen und Ihre kritische Denkfähigkeit, um die Plausibilität und Logik der Antworten zu bewerten. Wenn eine Antwort unglaubwürdig erscheint oder im Widerspruch zu allgemein anerkanntem Wissen steht, sollte sie weiter hinterfragt werden.

4. **Cross-Checking**: Überprüfen Sie die Informationen durch Abgleich mit mehreren unabhängigen Quellen. Wenn verschiedene zuverlässige Quellen ähnliche Informationen liefern, erhöht dies die Wahrscheinlichkeit, dass die Antwort korrekt ist.

5. **Aktualität prüfen**: Berücksichtigen Sie das Datum der Informationen, die die KI liefert. Da sich Wissen und Umstände im Laufe der Zeit ändern können, ist es wichtig, die Aktualität der bereitgestellten Daten zu überprüfen.

6. **Feedback-Mechanismen nutzen**: Viele KI-Systeme bieten die Möglichkeit, Feedback zu geben. Wenn Sie feststellen, dass eine Antwort ungenau ist, nutzen Sie diese Funktion, um die Entwickler zu informieren. Dies hilft, die KI zu verbessern.

7. **Bewusstsein für inhärente Limitationen**: Seien Sie sich bewusst, dass KI-Systeme, einschließlich Sprachmodelle, Limitationen haben und Fehler machen können. Sie sollten nicht als alleinige Quelle für kritische oder lebenswichtige Informationen verwendet werden.

8. **Regulierung und Standards**: Für bestimmte Anwendungen, insbesondere in kritischen Bereichen wie Medizin, Recht und Sicherheit, sollten spezifische Regulierungen und Standards entwickelt werden, um die Genauigkeit und Zuverlässigkeit von KI-Systemen zu gewährleisten.

Durch die Kombination dieser Ansätze können Nutzer die Verlässlichkeit der Antworten von KI-Systemen besser einschätzen und das Risiko von Fehlinformationen minimieren.

Kann die KI die Beurteilung ihres Outputs übernehmen?

Die Fähigkeit einer Künstlichen Intelligenz (KI), die Qualität und Relevanz ihres eigenen Outputs zu beurteilen, ist ein Bereich aktiver Forschung und Entwicklung, der jedoch einige Herausforderungen und Einschränkungen mit sich bringt. KI-Systeme, insbesondere solche, die auf Techniken des maschinellen Lernens basieren, können in gewissem Umfang ihre Leistung bewerten, indem sie Feedback aus ihrer Umgebung nutzen. Allerdings hängt die Effektivität dieser Selbstbeurteilung von mehreren Faktoren ab:

Spezifische Aufgaben und Benchmarks:

- Für bestimmte Aufgaben, wie z.B. Bilderkennung oder Spiele, können KI-Systeme oft ihre Leistung anhand klar definierter Metriken oder durch direkten Vergleich mit menschlichen Leistungen messen. In solchen Fällen kann die KI durch Techniken des verstärkenden Lernens (Reinforcement Learning) lernen, ihre Strategien basierend auf Belohnungen für korrekte Antworten oder Aktionen anzupassen.

Qualitative Beurteilung:

- Bei komplexeren oder subjektiven Aufgaben, wie z.B. der Erstellung von Texten oder Kunst, ist es für eine KI schwieriger, die Qualität ihres Outputs autonom zu beurteilen. Während KI-Modelle Bewertungskriterien lernen können, basieren diese Einschätzungen auf den Daten, mit denen sie trainiert wurden, und spiegeln möglicherweise nicht die volle Bandbreite menschlicher Urteile oder Präferenzen wider.

Ethik und Bias:

- Die Selbstbeurteilung durch KI wirft auch Fragen bezüglich ethischer Überlegungen und Bias auf. Die von der KI angewandten Bewertungskriterien können Verzerrungen widerspiegeln, die in den Trainingsdaten vorhanden sind. Ohne menschliche Aufsicht und kritisches Denken könnte eine KI fälschlicherweise ihren Output als hochwertig oder angemessen betrachten, auch wenn er ethische Probleme aufwirft oder verzerrt ist.

Feedback-Schleifen:

- In einigen Anwendungen können KI-Systeme durch kontinuierliches Feedback lernen und ihre Selbstbeurteilungsfähigkeiten verbessern. Dies erfordert jedoch sorgfältig gestaltete Feedback-Mechanismen, um unerwünschte Verstärkungseffekte oder die Verstärkung von Bias zu vermeiden.

Menschliche Überprüfung:

- Letztendlich bleibt die menschliche Überprüfung ein kritischer Faktor, besonders bei Aufgaben, die subjektive Urteile, ethische

Überlegungen oder tiefe kulturelle Verständnisse erfordern. Menschen können die Ergebnisse der KI im Kontext bewerten, nicht nur basierend auf objektiven Leistungsindikatoren, sondern auch unter Berücksichtigung von Nuancen und Werten, die schwer in KI-Systemen zu kodieren sind.

Zusammenfassend kann gesagt werden, dass KI in einigen Bereichen eine gewisse Fähigkeit zur Selbstbeurteilung entwickeln kann, insbesondere wenn klare Leistungsmetriken oder objektive Kriterien existieren. Für eine umfassende und nuancierte Beurteilung, insbesondere in Bereichen, die subjektive Einschätzungen erfordern, bleibt jedoch die menschliche Überprüfung unerlässlich. Die Kombination von KI-Leistung mit menschlichem Urteilsvermögen und Überwachung bildet die Grundlage für einen verantwortungsvollen Einsatz von KI-Technologien.

Gab es auch schon in früheren Jahrhunderten Fake News?

Ja, Fake News – also die absichtliche Verbreitung falscher oder irreführender Informationen, um die öffentliche Meinung zu beeinflussen oder zu manipulieren – gibt es schon seit Jahrhunderten. Die Praxis der Desinformation und Propaganda ist keineswegs ein Phänomen des digitalen Zeitalters, sondern hat eine lange Geschichte, die so alt ist wie die menschliche Kommunikation selbst. Hier sind einige historische Beispiele:

1. **Antike Rom**: Bereits in der Antike wurden Gerüchte und falsche Geschichten als politisches Werkzeug eingesetzt. Ein berühmtes Beispiel ist die negative Propaganda gegen Mark Anton durch Octavian (später Augustus), die dazu beitrug, die öffentliche Meinung zu seinen Gunsten zu wenden und den Weg für seine Alleinherrschaft über Rom zu ebnen.

2. **Reformation**: Während der Reformation im 16. Jahrhundert nutzten sowohl Protestanten als auch Katholiken Pamphlete und

Flugschriften, um einander mit oft übertriebenen oder falschen Darstellungen anzugreifen. Der Buchdruck machte es möglich, diese Informationen weit zu verbreiten.

3. **Amerikanische Unabhängigkeit**: Im Vorfeld der Amerikanischen Revolution wurden falsche Berichte und Propaganda eingesetzt, um die koloniale Opposition gegen die britische Herrschaft zu schüren. Beispielsweise wurden die Ereignisse des Boston Massacre von 1770 durch Paul Revere in einem berühmten, aber stark verzerrten Stich dargestellt.

4. **Erster und Zweiter Weltkrieg**: Während beider Weltkriege spielten Fake News eine Rolle in der Kriegspropaganda, um die Moral der eigenen Bevölkerung zu stärken und den Feind zu dämonisieren. Falsche Berichte über Gräueltaten und Heldentaten wurden genutzt, um Unterstützung für die Kriegsanstrengungen zu mobilisieren.

5. **Kalter Krieg**: Die Zeit des Kalten Krieges war geprägt von Desinformation und psychologischer Kriegsführung zwischen den USA und der Sowjetunion, einschließlich der Verbreitung falscher Informationen, um den Gegner zu diskreditieren und politische Ziele zu erreichen.

Diese historischen Beispiele zeigen, dass die Verbreitung von Fake News oft eng mit den Zielen politischer, sozialer oder militärischer Konflikte verknüpft war. Der wesentliche Unterschied zum heutigen Umgang mit Fake News liegt in der Geschwindigkeit und Reichweite, mit der Informationen – wahr oder falsch – durch das Internet und soziale Medien verbreitet werden können.

Teil VI: KI und der Mensch

Welche Ängste beschäftigen die Menschen, als die ersten Flugzeuge aufkamen?

Als die ersten Flugzeuge zu Beginn des 20. Jahrhunderts aufkamen, waren sie eine Quelle großer Faszination, aber auch von Ängsten und Bedenken. Diese Bedenken waren teilweise durch die Neuheit der Technologie und die Unsicherheit über ihre Auswirkungen und Risiken bedingt. Einige der vorherrschenden Ängste bezüglich der Luftfahrt umfassten:

1. **Sicherheitsbedenken**: Die Angst vor Abstürzen und Unfällen war wahrscheinlich die größte Sorge. Die frühe Luftfahrt war experimentell und riskant, mit zahlreichen Berichten über Abstürze und Todesfälle, was zu einer Wahrnehmung der Fliegerei als extrem gefährlich führte.

2. **Gesundheitliche Auswirkungen**: Es gab Befürchtungen über die potenziellen gesundheitlichen Auswirkungen des Fliegens auf den menschlichen Körper, einschließlich der Auswirkungen von Höhenänderungen und der Frage, ob der menschliche Körper überhaupt für den Flug geeignet sei.

3. **Militärische Nutzung**: Mit dem Ausbruch des Ersten Weltkriegs wurde das Flugzeug schnell als militärische Waffe erkannt. Die Angst vor Bombenangriffen aus der Luft und der Einsatz von Flugzeugen im Krieg führten zu Bedenken hinsichtlich der Auswirkungen der Luftfahrt auf die Kriegsführung und die Zivilbevölkerung.

4. **Wirtschaftliche und soziale Veränderungen**: Wie bei jeder disruptiven Technologie gab es Ängste bezüglich der wirtschaftlichen und sozialen Veränderungen, die die Luftfahrt mit sich bringen würde, einschließlich der Auswirkungen auf bestehende Transportmittel und die Art und Weise, wie Geschäfte geführt werden.

5. **Verlust von Privatsphäre und Überwachung**: Die Fähigkeit von Flugzeugen, große Entfernungen schnell zu überbrücken und aus der Luft zu beobachten, weckte Bedenken bezüglich der Privatsphäre und der Möglichkeit der Überwachung durch Regierungen oder andere Akteure.

6. **Umweltauswirkungen**: Obwohl Umweltbedenken in den frühen Tagen der Luftfahrt weniger präsent waren als heute, gab es dennoch einige Diskussionen über die Auswirkungen von Fluglärm und später über Luftverschmutzung und Treibhausgasemissionen.

Mit der Zeit und mit Verbesserungen in der Technologie, Sicherheitsstandards und Regulierung wurden viele dieser anfänglichen Ängste gemildert. Die Luftfahrtindustrie hat sich zu einem sicheren und unverzichtbaren Bestandteil des globalen Transportsystems entwickelt, obwohl einige der oben genannten Bedenken, insbesondere hinsichtlich Umweltauswirkungen und militärischer Nutzung, weiterhin diskutiert werden.

Welche Ängste beschäftigen die Menschen, als die ersten Computer aufkamen?

Als die ersten Computer in der Mitte des 20. Jahrhunderts aufkamen und zunehmend Verbreitung fanden, lösten sie eine Reihe von Ängsten und Bedenken aus, die sowohl durch die Neuheit der Technologie als auch durch ihre potenziellen Auswirkungen auf die Gesellschaft und das tägliche Leben bedingt waren. Einige dieser Befürchtungen umfassten:

1. **Arbeitsplatzverlust durch Automatisierung**: Eine der größten Ängste war, dass Computer menschliche Arbeitskräfte in vielen Bereichen ersetzen könnten, was zu massiven Arbeitsplatzverlusten führen würde. Die Sorge war, dass Maschinen effizienter und kostengünstiger als menschliche Arbeitnehmer wären, besonders in der Fertigung, Büroarbeit und anderen Formen routinemäßiger Arbeit.

2. **Komplexität und Unverständlichkeit:** Frühe Computer waren komplexe Maschinen, die spezialisiertes Wissen für Bedienung und Wartung erforderten. Viele Menschen empfanden sie als unzugänglich und schwer zu verstehen, was zu Befürchtungen führte, dass nur eine kleine technische Elite die Kontrolle und das Verständnis über diese wichtigen Technologien haben würde.

3. **Überwachung und Datenschutz:** Mit der Fähigkeit der Computer, große Mengen an Informationen zu speichern und zu verarbeiten, kamen auch Befürchtungen bezüglich Überwachung und Datenschutz auf. Die Sorge war, dass Regierungen, Arbeitgeber und andere Organisationen Computer nutzen könnten, um Bürger und Arbeitnehmer zu überwachen.

4. **Abhängigkeit von Technologie:** Es gab Bedenken, dass Gesellschaften zunehmend abhängig von Computertechnologie werden könnten, was sie anfällig für technische Ausfälle, Datenverluste und Cyberangriffe macht.

5. **Soziale Isolation:** Einige befürchteten, dass die zunehmende Nutzung von Computern zu einer Verringerung der persönlichen Interaktionen zwischen Menschen führen könnte, was zu sozialer Isolation und einem Verlust von Gemeinschaftsgefühl führt.

6. **Militärische Anwendungen:** Die Entwicklung und der Einsatz von Computern für militärische Zwecke, insbesondere im Kontext des Kalten Krieges und der nuklearen Strategie, führten zu Ängsten vor einem neuen Wettrüsten und der Möglichkeit eines computergesteuerten Atomkriegs.

7. **Kulturelle Veränderungen:** Es gab auch Befürchtungen darüber, wie Computer die Kultur und die Art und Weise, wie Wissen geschaffen und geteilt wird, verändern könnten. Die Sorge war, dass traditionelle Formen des Lernens und der Kommunikation durch eine zunehmend digitalisierte Welt ersetzt werden könnten.

Mit der Zeit und mit zunehmender Vertrautheit der Gesellschaft mit Computern haben sich viele dieser anfänglichen Ängste als unbegründet herausgestellt oder wurden durch Fortschritte in der Technologie und gesellschaftliche Anpassungen gemildert. Gleichzeitig haben sich neue Herausforderungen und Bedenken ergeben, die die Notwendigkeit einer kontinuierlichen Auseinandersetzung mit den Auswirkungen der Computertechnologie auf die Gesellschaft unterstreichen.

Führen technologische Innovationen immer zu ähnlichen Ängsten?

Technologische Innovationen haben durch die Geschichte hindurch oft ähnliche Ängste und Sorgen hervorgerufen, obwohl der spezifische Kontext und die Natur der Technologie variieren können. Diese Ängste sind teilweise durch das Unbekannte und die potenziellen disruptiven Auswirkungen neuer Technologien auf die Gesellschaft, die Wirtschaft und das tägliche Leben bedingt. Einige der wiederkehrenden Themen umfassen:

Arbeitsplatzverlust durch Automatisierung:

Eine der am weitesten verbreiteten Ängste ist, dass technologische Innovationen, insbesondere solche, die Automatisierung ermöglichen, zu einem Verlust von Arbeitsplätzen führen. Von der Industrialisierung bis zur digitalen Revolution haben Menschen befürchtet, dass Maschinen oder Software ihre Arbeitsplätze ersetzen könnten.

Verlust von Privatsphäre und Überwachung:

Mit dem Aufkommen von Technologien, die Datenerfassung und -verarbeitung in großem Maßstab ermöglichen, wachsen auch die Sorgen um die Privatsphäre und die zunehmende Überwachung durch staatliche und private Akteure. Die Digitalisierung und das Internet der Dinge (IoT) haben diese Ängste weiter verstärkt.

Soziale und ethische Implikationen:

Technologische Durchbrüche werfen oft Fragen nach ihren sozialen und ethischen Implikationen auf. Dies bezieht sich auf die Art und Weise, wie Technologien das menschliche Verhalten, soziale Interaktionen und ethische Normen beeinflussen. KI und Biotechnologie sind aktuelle Beispiele, bei denen solche Fragen intensiv diskutiert werden.

Kultureller und sozialer Wandel:

Neue Technologien können zu einem raschen Wandel in Kultur und Gesellschaft führen, was bei einigen Individuen und Gruppen zu Unsicherheit und Widerstand führen kann. Die Sorge, dass traditionelle Lebensweisen oder Berufe verschwinden oder entwertet werden, ist ein häufiger Aspekt dieser Ängste.

Abhängigkeit von Technologien:

Eine weitere Sorge ist die zunehmende Abhängigkeit von technologischen Systemen und Infrastrukturen, die bei Ausfällen oder Sicherheitsproblemen zu signifikanten Störungen führen kann. Die Abhängigkeit von elektronischen Kommunikationssystemen und dem Internet ist ein Beispiel hierfür.

Kontrolle und Machtverteilung:

Technologische Innovationen können auch die Verteilung von Macht und Kontrolle beeinflussen, indem sie bestimmten Akteuren (wie großen Technologieunternehmen oder Regierungen) unverhältnismäßig viel Einfluss verleihen. Dies wirft Fragen nach der gerechten Verteilung von Nutzen und Risiken auf.

Anpassung an den Wandel:

Schließlich erfordern technologische Veränderungen oft eine schnelle Anpassung von Fähigkeiten und Wissen. Die Sorge, dass bestimmte Bevölkerungsgruppen vom technologischen Fortschritt ausgeschlossen werden könnten, betrifft insbesondere ältere Menschen und solche in weniger entwickelten Regionen.

Obwohl diese Ängste real und wichtig sind, haben historische Erfahrungen auch gezeigt, dass Gesellschaften in der Lage sind, sich anzupassen und Technologien zum Vorteil aller zu nutzen. Der Schlüssel liegt in einer bewussten Gestaltung des technologischen Fortschritts, der Berücksichtigung ethischer und sozialer Implikationen und der Förderung von Bildung und Anpassungsfähigkeiten.

Gab es technische Innovationen, bei denen sich die Bedenken gegen deren Einführung in nachhinein als berechtig erwiesen haben?

Die Geschichte der Technologie ist voll von Innovationen, die zunächst auf Widerstand und Sorge stießen, wobei sich einige dieser Bedenken im Nachhinein als berechtig herausstellten. Oft hängt es davon ab, wie eine Technologie angewandt wird, und nicht unbedingt von der Technologie selbst. Hier sind ein paar Beispiele, bei denen sich Bedenken zumindest teilweise als berechtig erwiesen haben:

Soziale Medien und das Internet:

Die Einführung des Internets und insbesondere sozialer Medien hat zu bedeutenden positiven Veränderungen geführt, wie verbessertem Zugang zu Informationen und der Vernetzung von Menschen weltweit. Gleichzeitig haben sich Bedenken hinsichtlich Datenschutzverletzungen, der Verbreitung von Falschinformationen („Fake News"), Cybermobbing und der negativen Auswirkungen auf die psychische Gesundheit, insbesondere bei Jugendlichen, als berechtig erwiesen. Diese Plattformen haben auch Fragen zur Datenkontrolle und zum Einfluss großer Technologieunternehmen auf öffentliche Diskurse und Demokratie aufgeworfen.

Überwachungstechnologien:

Die zunehmende Nutzung von Überwachungstechnologien, einschließlich Gesichtserkennungssystemen, hat zu einer Debatte über Privatsphäre und Überwachung geführt. In einigen Fällen haben

Regierungen diese Technologien zur Überwachung und Unterdrückung von Bevölkerungsgruppen eingesetzt, was ernste Bedenken hinsichtlich Menschenrechten und ethischen Standards aufwirft.

Atomenergie:

Die Entwicklung der Atomenergie wurde ursprünglich als eine saubere und effiziente Energiequelle gepriesen. Jedoch haben Katastrophen wie in Tschernobyl (1986) und Fukushima (2011) gezeigt, dass die Risiken von Atomkraftwerken katastrophale Auswirkungen auf Mensch und Umwelt haben können. Diese Ereignisse haben zu einer Neubewertung der Atomenergie und in einigen Fällen zu einem Umdenken in der Energiepolitik geführt.

Automatisierung und Künstliche Intelligenz:

Während Automatisierung und KI das Potenzial haben, Produktivität zu steigern und neue Möglichkeiten zu eröffnen, haben sich auch Bedenken hinsichtlich Arbeitsplatzverlust und sozialer Ungleichheit als berechtig erwiesen. In Sektoren, in denen Jobs durch Maschinen ersetzt wurden, gab es oft nicht genügend neue Arbeitsplätze mit vergleichbarem Einkommen, was zu wirtschaftlichen und sozialen Spannungen geführt hat.

Biotechnologe und Genmanipulation:

Fortschritte in der Biotechnologe und der Möglichkeit, genetisches Material zu manipulieren, haben enorme Möglichkeiten in Medizin und Landwirtschaft eröffnet. Gleichzeitig haben sich Bedenken bezüglich der Ethik von Eingriffen in das menschliche Genom, möglichen langfristigen ökologischen Auswirkungen genetisch veränderter Organismen und der Patenterung von genetischen Sequenzen als berechtig herausgestellt.

In allen diesen Fällen zeigt sich, dass die Einführung technologscher Innovationen sowohl Chancen als auch Risiken birgt. Eine kritische und informierte Auseinandersetzung mit diesen Technologien, inklusive ethischer Überlegungen und der Entwicklung von Rahmenbedingungen für eine verantwortungsvolle Nutzung, ist entscheidend, um die positiven Aspekte zu maximieren und die Risiken zu minimieren.

Kann der Mensch emotionale Beziehungen zu Dingen wie zum Beispiel zum Smartphone oder zur KI aufbauen?

Ja, Menschen können emotionale Beziehungen zu nicht-menschlichen Entitäten wie Smartphones, Künstlicher Intelligenz (KI) und anderen technologischen Geräten aufbauen. Dieses Phänomen wird durch verschiedene psychologische Mechanismen und soziale Faktoren begünstigt. Hier sind einige Gründe und Kontexte, in denen solche emotionalen Beziehungen entstehen können:

Anthropomorphisierung:

Menschen neigen dazu, nicht-menschlichen Entitäten menschliche Eigenschaften, Intentionen oder Emotionen zuzuschreiben, ein Prozess, der als Anthropomorphisierung bekannt ist. Wenn Technologien wie KI oder Smartphones menschenähnliche Merkmale aufweisen (z.B. Sprachinteraktion), kann dies dazu führen, dass Nutzer eine emotionale Bindung entwickeln, als ob sie mit einem menschlichen Wesen interagieren.

Gewohnheit und Allgegenwärtigkeit:

Technologische Geräte, insbesondere Smartphones, sind zu einem ständigen Begleiter im Alltag vieler Menschen geworden. Sie sind Werkzeuge zur Kommunikation, Informationsbeschaffung, Unterhaltung und sogar zur emotionalen Unterstützung. Diese ständige Präsenz und Nutzung können zu einer emotionalen Abhängigkeit führen, bei der Nutzer sich unwohl oder ängstlich fühlen, wenn sie von ihren Geräten getrennt sind.

Soziale Verbindungen:

Viele Technologien dienen als Mittel zur Herstellung und Aufrechterhaltung sozialer Verbindungen. Nutzer können emotionale Bindungen zu den Plattformen oder Geräten entwickeln, die diese sozialen Interaktionen ermöglichen, da sie mit positiven Gefühlen der Verbundenheit, Liebe oder Freundschaft assoziiert werden.

Personalisierung und Anpassung:

KI-Systeme und Smartphones bieten ein hohes Maß an Personalisierung, von individualisierten Nachrichtenfeeds bis hin zu personalisierten Empfehlungen. Diese auf den Nutzer zugeschnittenen Erfahrungen können das Gefühl verstärken, dass das Gerät oder System die individuellen Bedürfnisse und Vorlieben versteht, was zu einer stärkeren emotionalen Bindung führt.

Vertretung und Assistenz:

Technologien, die assistierende Funktionen erfüllen, wie virtuelle Assistenten oder KI-basierte Hilfssysteme für Menschen mit Behinderungen, können als wichtige Unterstützung im täglichen Leben wahrgenommen werden. Die Abhängigkeit von diesen Technologien für persönliche Unterstützung und Hilfe kann ebenfalls zu emotionalen Bindungen führen.

Emotionale und kognitive Effekte:

Studien haben gezeigt, dass Interaktionen mit KI und anderen Technologien emotionale und kognitive Effekte haben können, wie das Empfinden von Freude, Erstaunen oder sogar Frustration. Diese emotionalen Erfahrungen tragen zur Entwicklung einer Beziehung bei.

Während Menschen durchaus emotionale Beziehungen zu Technologien aufbauen können, ist es wichtig, ein Gleichgewicht zu wahren und sicherzustellen, dass diese Bindungen das persönliche Wohlbefinden oder zwischenmenschliche Beziehungen nicht negativ beeinflussen. Die Reflexion über die Art und Weise, wie wir Technologie nutzen und wie sie unser Leben beeinflusst, ist entscheidend für eine gesunde Koexistenz mit diesen immer präsenter werdenden Hilfsmitteln.

Welche negativen Auswirkungen kann eine übermässige Nutzung des Smartphones haben?

Die übermäßige Nutzung von Smartphones kann verschiedene negative Auswirkungen auf die Gesundheit, das soziale Leben und die psychische Verfassung haben. Hier sind einige der häufigsten negativen Konsequenzen:

Physische Gesundheitsprobleme:

- **Augenbelastung und digitale Ermüdung**: Langes Starren auf kleine Bildschirme kann zu Augenbelastung, trockenen Augen und verschwommener Sicht führen. Dieses Phänomen ist auch als „Digital Eye Strain" bekannt.

- **Schlafstörungen**: Die Nutzung von Smartphones vor dem Schlafengehen, insbesondere die Exposition gegenüber blauem Licht, kann den Schlafzyklus stören und zu Schwierigkeiten beim Einschlafen und einer reduzierten Schlafqualität führen.

- **Nacken- und Rückenschmerzen**: Eine falsche Haltung beim Nutzen von Smartphones kann zu Nacken- und Rückenschmerzen führen, bekannt als „Text Neck".

Psychische und emotionale Auswirkungen:

- **Abhängigkeit und Suchtverhalten**: Eine übermäßige Nutzung kann zu einer Smartphone-Abhängigkeit führen, was sich in einem unwiderstehlichen Drang zur ständigen Überprüfung des Geräts äußert.

- **Angst und Depression**: Studien haben einen Zusammenhang zwischen übermäßiger Smartphone-Nutzung und erhöhten Risiken für Angstzustände und Depressionen festgestellt.

- **Vermindertes Selbstwertgefühl:** Die ständige Konfrontation mit sozialen Medien und dem Vergleich mit anderen kann zu einem verminderten Selbstwertgefühl und Unzufriedenheit führen.

Soziale und verhaltensbezogene Auswirkungen:

- **Beeinträchtigung zwischenmenschlicher Beziehungen:** Exzessive Smartphone-Nutzung kann die Qualität von persönlichen Interaktionen beeinträchtigen, da Nutzer weniger präsent und aufmerksam in sozialen Situationen sind.

- **Ablenkung und Produktivitätseinbußen:** Ständige Unterbrechungen durch Benachrichtigungen und die Neigung, das Smartphone zu überprüfen, können zu Ablenkungen führen und die Fähigkeit, sich auf Aufgaben zu konzentrieren, verringern.

- **Risiken im Straßenverkehr:** Die Nutzung von Smartphones beim Fahren erhöht das Unfallrisiko signifikant, sowohl für Autofahrer als auch für Fußgänger.

Auswirkungen auf Kinder und Jugendliche:

- **Entwicklungs- und Lernprobleme:** Bei Kindern und Jugendlichen kann eine übermäßige Smartphone-Nutzung die kognitive Entwicklung beeinträchtigen und zu Lernschwierigkeiten führen.

- **Soziale Fähigkeiten:** Exzessive Bildschirmzeit kann die Entwicklung sozialer Fähigkeiten bei Kindern beeinträchtigen, da sie weniger Zeit mit Face-to-Face-Interaktionen verbringen.

Um diese negativen Auswirkungen zu minimieren, empfehlen Experten Maßnahmen wie die Festlegung von Bildschirmfreien Zeiten, die Nutzung von Apps zur Überwachung und Begrenzung der Bildschirmzeit, das Bewusstmachen und Anpassen der eigenen Nutzugsgewohnheiten und die Förderung alternativer Aktivitäten, die keine Bildschirmnutzung erfordern.

Wird das menschliche Gehirn degenerieren, wenn wir es (u.a. wegen der KI) in Zukunft weniger brauchen?

Die Sorge, dass das menschliche Gehirn degenerieren könnte, wenn wir es aufgrund technologischer Fortschritte, einschließlich der Künstlichen Intelligenz (KI), in Zukunft weniger nutzen, ist ein Thema, das sowohl wissenschaftliche Untersuchungen als auch öffentliche Diskussionen hervorruft. Es gibt verschiedene Perspektiven und Faktoren zu berücksichtigen:

Plastizität des Gehirns:

Das menschliche Gehirn ist hochgradig plastisch, was bedeutet, dass es sich ständig an seine Nutzung und die damit verbundenen Anforderungen anpasst. Während spezifische Fähigkeiten durch mangelnde Übung abnehmen können (zum Beispiel das Gedächtnis für Faktenwissen in einer Welt, in der Informationen jederzeit online verfügbar sind), bedeutet dies nicht notwendigerweise eine allgemeine Degeneration des Gehirns. Stattdessen könnte sich das Gehirn darauf einstellen, andere Fähigkeiten stärker zu nutzen, wie kritisches Denken, kreative Problemlösung und die Fähigkeit, komplexe Informationen zu verarbeiten.

Veränderung statt Degeneration:

Technologische Fortschritte haben in der Vergangenheit dazu geführt, dass bestimmte kognitive Fähigkeiten weniger gefordert sind, während andere wichtiger wurden. So hat beispielsweise die Erfindung des Schreibens und später des Drucks die Art und Weise verändert, wie Wissen gespeichert und abgerufen wird. Ähnlich könnte der Einsatz von KI dazu führen, dass Menschen weniger Zeit mit Routineaufgaben verbringen und stattdessen Fähigkeiten entwickeln, die für die Interaktion mit und die Überwachung von KI-Systemen notwendig sind.

Wichtigkeit menschlicher Interaktion und Erfahrung:

Obwohl KI viele Aufgaben übernehmen kann, gibt es Aspekte des menschlichen Daseins und der menschlichen Erfahrung, die nicht durch Technologie ersetzt werden können. Soziale Interaktionen, emotionale Intelligenz, Ethik, Kunst und Kreativität sind Bereiche, die weiterhin eine wichtige Rolle für die menschliche Entwicklung und das Wohlbefinden spielen werden.

Lern- und Anpassungsfähigkeit:

Die menschliche Fähigkeit, zu lernen und sich anzupassen, ist ein zentrales Merkmal unserer Spezies. Es ist wahrscheinlich, dass Bildungssysteme und lebenslanges Lernen sich an die neuen Anforderungen einer von KI beeinflussten Welt anpassen werden, um sicherzustellen, dass Menschen die Fähigkeiten entwickeln, die notwendig sind, um effektiv mit Technologie zu arbeiten und von ihr zu profitieren.

Schlussfolgerung:

Obwohl die zunehmende Abhängigkeit von Technologie und KI bestimmte kognitive Fähigkeiten weniger betont, ist es unwahrscheinlich, dass dies zu einer allgemeinen Degeneration des menschlichen Gehirns führt. Stattdessen wird sich das Gehirn wahrscheinlich an die neuen Anforderungen anpassen, wobei der Schwerpunkt auf Kompetenzen liegt, die in einer technologiegetriebenen Gesellschaft wichtig sind. Die Herausforderung liegt darin, ein Gleichgewicht zu finden, das die Entwicklung von Fähigkeiten fördert, die sowohl für den Umgang mit Technologie als auch für das menschliche Wohlbefinden wesentlich sind.

Sollen sich "normale" Menschen mit KI auseinandersetzen?

Ja, es ist sowohl sinnvoll als auch wichtig, dass sich "normale" Menschen, also die breite Öffentlichkeit ohne spezielle technische Expertise, mit Künstlicher Intelligenz (KI) auseinandersetzen. Hier sind einige Gründe, warum eine solche Auseinandersetzung von Bedeutung ist:

1. **Allgegenwärtigkeit von KI**: KI-Technologien sind zunehmend in unseren Alltag integriert, von Smartphones und persönlichen Assistenten bis hin zu Navigationssystemen und Online-Shopping-Empfehlungen. Ein Grundverständnis von KI ermöglicht es Menschen, diese Technologien besser zu nutzen und zu verstehen, wie sie funktionieren.

2. **Informierte Entscheidungsfindung**: Da KI zunehmend Entscheidungen beeinflusst, die unser Leben betreffen – von Kreditwürdigkeitsprüfungen bis hin zu medizinischen Diagnosen –, ist es wichtig, dass Menschen die Grundlagen und Grenzen dieser Technologien verstehen, um informierte Entscheidungen über ihre Nutzung treffen zu können.

3. **Datenschutz und Sicherheit**: Ein Verständnis von KI und den damit verbundenen Datenpraktiken kann Individuen helfen, bewusster mit ihren persönlichen Daten umzugehen und die Bedeutung von Datenschutz und Sicherheit in der digitalen Welt zu erkennen.

4. **Ethische und gesellschaftliche Implikationen**: Die Auseinandersetzung mit KI wirft wichtige ethische Fragen auf, etwa in Bezug auf Bias, Automatisierung von Arbeitsplätzen und Überwachung. Eine informierte Öffentlichkeit kann besser an Diskussionen über die Gestaltung einer gerechten und ethischen Zukunft der Technologie teilnehmen.

5. **Förderung von Innovation und Kreativität**: Durch das Verständnis der Möglichkeiten und Werkzeuge, die KI bietet, können

Menschen aller Berufe und Hintergründe innovative Lösungen für Probleme entwickeln und kreative Projekte umsetzen.

6. **Demokratisierung der Technologie**: Je mehr Menschen sich mit KI beschäftigen, desto breiter wird die Basis für die Entwicklung und Nutzung dieser Technologien. Dies kann zu einer demokratischeren Technologielandschaft führen, in der vielfältige Perspektiven und Bedürfnisse berücksichtigt werden.

7. **Bildung und lebenslanges Lernen**: In einer sich schnell verändernden Welt ist lebenslanges Lernen unerlässlich. Die Auseinandersetzung mit KI und verwandten Technologien ist Teil dieser Bildungsreise und bereitet Einzelpersonen darauf vor, in einer zunehmend digitalisierten Gesellschaft zu leben und zu arbeiten.

Die Auseinandersetzung mit KI ermöglicht es also nicht nur, die Technologie besser zu nutzen und ihre Risiken zu verstehen, sondern auch aktiv an der Gestaltung einer Zukunft mitzuwirken, in der KI zum Wohle aller eingesetzt wird. Bildungsinitiativen, öffentliche Diskurse und Zugänglichkeit von Informationen spielen dabei eine entscheidende Rolle.

Wie können sich "normale" Menschen mit KI auseinandersetzen?

Die Auseinandersetzung mit Künstlicher Intelligenz (KI) ist für "normale" Menschen, also Personen ohne spezialisierte technische Ausbildung, aus mehreren Gründen wichtig und zugänglich. Hier sind einige Wege, wie sich jeder mit KI beschäftigen und von ihren Entwicklungen profitieren kann:

1. **Bildung und Lernen**: Es gibt zahlreiche Online-Kurse, Webinare und Ressourcen, die Grundlagen und Anwendungen von KI auf verständliche Weise erklären. Plattformen wie Coursera, edX oder Khan Academy bieten Einführungskurse in KI und maschinelles Lernen, die keine Vorkenntnisse erfordern.

2. **Teilnahme an Workshops und Veranstaltungen**: Viele Gemeinden und Bildungseinrichtungen veranstalten Workshops oder Informationsveranstaltungen zum Thema KI. Diese bieten eine großartige Möglichkeit, grundlegende Kenntnisse zu erwerben und Fragen an Experten zu stellen.

3. **Nutzung von KI-basierten Anwendungen**: Die praktische Erfahrung mit KI-basierten Technologien im Alltag kann das Verständnis und die Komfortabilität mit diesen Systemen verbessern. Beispiele sind Sprachassistenten wie Siri oder Alexa, Empfehlungssysteme auf Streaming-Plattformen oder intelligente Haushaltsgeräte.

4. **Informieren über Medien**: Artikel, Podcasts und Videos, die sich mit den Auswirkungen von KI auf die Gesellschaft, Ethik und zukünftige Technologietrends beschäftigen, sind wertvolle Ressourcen, um auf dem Laufenden zu bleiben und ein kritisches Bewusstsein für die Technologie zu entwickeln.

5. **Engagement in Diskussionen und Netzwerken**: Die Teilnahme an Diskussionsforen oder sozialen Netzwerken, die sich mit KI beschäftigen, kann Einblicke in aktuelle Debatten und Entwicklungen bieten. Plattformen wie Reddit oder LinkedIn haben aktive Gemeinschaften, die sich mit KI-Themen befassen.

6. **Spielerisches Lernen**: Es gibt Spiele und Apps, die spielerisch Grundkonzepte der KI und des maschinellen Lernens vermitteln. Solche interaktiven Tools können eine unterhaltsame Art sein, ein Grundverständnis für KI zu entwickeln.

7. **Kritische Reflexion**: Es ist wichtig, über die sozialen, ethischen und wirtschaftlichen Auswirkungen von KI nachzudenken. Die Auseinandersetzung mit Fragen der Datenprivatsphäre, Arbeitsplatzautomatisierung und KI-Governance ist entscheidend, um informierte Meinungen zu bilden.

8. **Förderung von KI in der Bildung**: Eltern und Bildungsinteressierte können sich dafür einsetzen, dass Grundlagen der Informatik und

KI Teil des Schulcurriculums werden, um die nächste Generation auf eine zunehmend von KI geprägte Welt vorzubereiten.

Indem "normale" Menschen aktiv Wege suchen, um mehr über KI zu lernen und sich mit ihr auseinanderzusetzen, können sie besser verstehen, wie diese Technologien funktionieren, welche Auswirkungen sie haben und wie sie verantwortungsvoll genutzt werden können.

Kann die KI persönliche Entscheide (wie z.B. welche Weiterbildung soll ich machen?) abnehmen?

Künstliche Intelligenz (KI) kann Menschen dabei unterstützen, informierte Entscheidungen zu treffen, indem sie relevante Informationen bereitstellt, mögliche Optionen analysiert und Vorhersagen über die Auswirkungen verschiedener Entscheidungen trifft. Bei persönlichen Entscheidungen, wie der Wahl einer Weiterbildung, kann KI wertvolle Einblicke und Empfehlungen bieten, basierend auf einer Analyse von Daten wie Jobmarkttrends, die Relevanz bestimmter Fähigkeiten in der Zukunft, persönliche Interessen und bisherige akademische oder berufliche Leistungen. Hier sind einige Aspekte, wie KI in diesem Prozess helfen kann:

1. **Analyse von Karrieretrends**: KI kann große Datenmengen aus verschiedenen Quellen analysieren, um Trends auf dem Arbeitsmarkt zu identifizieren, einschließlich gefragter Fähigkeiten und Branchen mit hohem Wachstumspotenzial.

2. **Personalisierte Empfehlungen**: Durch die Analyse der persönlichen Interessen, Fähigkeiten und beruflichen Ziele eines Individuums kann KI maßgeschneiderte Empfehlungen für Weiterbildungskurse oder Qualifikationen geben, die am besten zu den Karriereambitionen passen.

3. **Vorhersage des Lernerfolgs**: KI-Systeme können potenziell den Erfolg eines Individuums in verschiedenen

Weiterbildungsprogrammen vorhersagen, basierend auf ihrer Lernhistorie und Leistung in ähnlichen Kursen.

4. **Entscheidungsunterstützung**: KI kann Entscheidungsbäume oder -matrizen erstellen, die die Vor- und Nachteile verschiedener Bildungswege aufzeigen, um Nutzern zu helfen, die Auswirkungen ihrer Entscheidungen besser zu verstehen.

Während KI in der Lage ist, bei der Entscheidungsfindung zu unterstützen und datengestützte Empfehlungen zu geben, gibt es wichtige Einschränkungen zu beachten:

- **Menschliches Urteilsvermögen**: KI kann die menschliche Intuition und das Urteilsvermögen nicht ersetzen. Persönliche Entscheidungen, insbesondere solche, die die eigene Karriere und Zukunft betreffen, sollten auch die persönlichen Werte, Leidenschaften und Lebensziele berücksichtigen, die schwer quantifizierbar sind und über die reine Datenanalyse hinausgehen.

- **Ethische Überlegungen**: Abhängigkeit von KI für persönliche Entscheidungen wirft Fragen hinsichtlich Datenschutz, Vertraulichkeit und der Autonomie der Entscheidungsfindung auf.

- **Dynamik des Lebens**: Das Leben ist voller Unvorhersehbarkeiten, und viele Faktoren, die zukünftige Erfolge beeinflussen, können sich ändern. KI-Modelle basieren auf vergangenen und aktuellen Daten und können zukünftige Veränderungen in der Wirtschaft, Technologie oder persönlichen Umständen nicht vollständig vorhersagen.

Zusammenfassend lässt sich sagen, dass KI ein nützliches Werkzeug zur Unterstützung und Verbesserung der Entscheidungsfindung sein kann, aber die endgültige Entscheidung sollte eine bewusste Wahl bleiben, die menschliches Urteilsvermögen und persönliche Präferenzen berücksichtigt.

Ist es nötig, dass Menschen in Zukunft noch studieren, wenn die KI auf alle Fragen eine Antwort weiss?

Ja, es ist weiterhin notwendig, dass Menschen studieren, auch wenn Künstliche Intelligenz (KI) in der Lage ist, auf viele Fragen Antworten zu liefern. Es gibt mehrere Gründe, warum Bildung und das Studium über die reine Informationsvermittlung hinaus wichtig bleiben:

1. **Kritisches Denken und Urteilsvermögen**: Bildung fördert kritisches Denken, das für die Bewertung von Informationen, das Treffen fundierter Entscheidungen und die Entwicklung innovativer Lösungen für komplexe Probleme unerlässlich ist. KI kann Informationen liefern, aber das menschliche Urteilsvermögen ist entscheidend, um die Relevanz, Genauigkeit und Anwendbarkeit dieser Informationen in einem gegebenen Kontext zu beurteilen.

2. **Kreativität und Innovation**: Während KI in der Lage ist, Muster zu erkennen und auf der Grundlage bestehender Daten Vorschläge zu machen, bleibt menschliche Kreativität zentral für die Schaffung neuer Ideen, Kunstwerke, Erfindungen und innovativer Lösungen für Probleme, die KI allein möglicherweise nicht adressieren kann.

3. **Soziale und emotionale Intelligenz**: Bildung spielt eine wichtige Rolle bei der Entwicklung sozialer und emotionaler Kompetenzen, wie Empathie, Teamarbeit und Führungsfähigkeiten. Diese menschlichen Qualitäten sind in vielen beruflichen und persönlichen Kontexten unverzichtbar und können von KI nicht reproduziert werden.

4. **Ethik und gesellschaftliche Verantwortung**: Das Studium vermittelt nicht nur Fachwissen, sondern auch ethische Grundsätze und fördert ein Bewusstsein für gesellschaftliche Verantwortung. In einer Welt, die zunehmend von Technologie beeinflusst wird, ist es wichtig, dass Menschen die Auswirkungen dieser Technologien verstehen und ethisch handeln können.

5. **Anpassung an Veränderungen**: Die Arbeitswelt und gesellschaftliche Anforderungen verändern sich ständig, teilweise durch den Einfluss von KI und anderen Technologien. Bildung bereitet Menschen darauf vor, sich an diese Veränderungen anzupassen, lebenslang zu lernen und flexibel auf neue Herausforderungen zu reagieren.

6. **Menschliche Interaktion und Netzwerkbildung**: Das Studium bietet Gelegenheiten zur Interaktion mit Gleichgesinnten und Experten, zur Bildung von Netzwerken und zur Entwicklung von Kommunikationsfähigkeiten, die für den beruflichen und persönlichen Erfolg wichtig sind.

7. **Verständnis und Steuerung der KI**: Um KI verantwortungsvoll zu entwickeln und einzusetzen, benötigen wir gut ausgebildete Fachkräfte, die nicht nur technisches Know-how, sondern auch ein tiefes Verständnis für gesellschaftliche, ethische und rechtliche Implikationen besitzen.

Zusammenfassend lässt sich sagen, dass Bildung und das Studium grundlegende Säulen der persönlichen und gesellschaftlichen Entwicklung bleiben, selbst in einer Welt, in der KI eine immer größere Rolle spielt. Die Fähigkeit, das durch KI bereitgestellte Wissen sinnvoll zu nutzen und zu erweitern, setzt eine solide Bildungsbasis voraus.

Müssen Schüler neu bezüglich "Bedeutung erkennen" und Sinnfrage (Was ist sinnvoll?) geschult werden?

In unserer zunehmend digitalisierten und informationsreichen Welt wird es immer wichtiger, Schülerinnen und Schüler nicht nur in traditionellen Fächern, sondern auch im Erkennen von Bedeutung und im Nachdenken über Sinnfragen zu schulen. Diese Fähigkeiten sind entscheidend, um kritisch denken, Informationen bewerten und ethische Entscheidungen treffen zu können. Hier sind einige Gründe, warum die Schulung in diesen Bereichen wichtig ist:

Informationsflut und Medienkompetenz:

Angesichts der Flut an Informationen, mit der Menschen täglich konfrontiert sind, insbesondere über das Internet und soziale Medien, ist es wichtig, Schülerinnen und Schüler darin zu schulen, relevante von irrelevanten Informationen zu unterscheiden, die Glaubwürdigkeit von Quellen zu beurteilen und die Absichten hinter bestimmten Botschaften zu erkennen.

Kritisches Denken und Analysefähigkeiten:

Das Erkennen von Bedeutungen und das Hinterfragen von Sinn erfordern ausgeprägte kritische Denk- und Analysefähigkeiten. Schülerinnen und Schüler sollten lernen, Argumente zu hinterfragen, logische Schlussfolgerungen zu ziehen und die Implikationen verschiedener Standpunkte zu verstehen.

Ethik und Werte:

In einer Welt, die zunehmend von Technologie und KI beeinflusst wird, ist es entscheidend, junge Menschen in ethischem Denken und in der Reflexion über Werte und Sinnfragen zu unterrichten. Dies hilft ihnen, die sozialen, ökologischen und ethischen Implikationen ihres Handelns zu verstehen und verantwortungsbewusste Entscheidungen zu treffen.

Selbstreflexion und persönliche Entwicklung:

Das Nachdenken über Sinnfragen ist auch ein wichtiger Teil der persönlichen Entwicklung. Schülerinnen und Schüler sollten ermutigt werden, über ihre eigenen Werte, Ziele und das, was sie im Leben als sinnvoll erachten, zu reflektieren. Dies fördert ein stärkeres Selbstbewusstsein und hilft ihnen, einen persönlichen und beruflichen Weg zu finden, der zu ihnen passt.

Interdisziplinäres Lernen:

Die Fähigkeit, Bedeutungen zu erkennen und Sinnfragen zu stellen, überschneidet sich mit vielen Disziplinen, von Literatur und Geschichte über Wissenschaft und Mathematik bis hin zu Kunst und Philosophie. Ein interdisziplinärer Ansatz im Bildungssystem kann Schülerinnen und Schüler dazu ermutigen, Verbindungen zwischen verschiedenen Wissensgebieten zu sehen und ein tieferes Verständnis der Welt zu entwickeln.

Vorbereitung auf die Zukunft:

In einer sich schnell verändernden Welt ist die Fähigkeit, sich anzupassen und lebenslang zu lernen, von unschätzbarem Wert. Indem Schülerinnen und Schüler lernen, Bedeutungen zu erkennen und über Sinnfragen nachzudenken, werden sie besser darauf vorbereitet, mit Unsicherheit umzugehen, innovative Lösungen für Probleme zu finden und aktiv an der Gestaltung einer besseren Zukunft mitzuwirken.

Insgesamt ist es klar, dass die Schulung in Bedeutungserkennung und Sinnfrage nicht nur wünschenswert, sondern notwendig ist, um Schülerinnen und Schüler auf die Herausforderungen und Möglichkeiten der heutigen Welt vorzubereiten.

Kann KI einen Menschen ersetzen?

Ob KI einen Menschen ersetzen kann, hängt stark vom Kontext ab. KI-Systeme sind in der Lage, bestimmte Aufgaben zu automatisieren und auszuführen, die traditionell von Menschen übernommen wurden, insbesondere solche, die Routine, repetitive Prozesse oder die Verarbeitung großer Datenmengen beinhalten. In einigen Bereichen können KI-Systeme menschliche Leistung übertreffen, vor allem in Bezug auf Geschwindigkeit, Genauigkeit und die Fähigkeit, Muster in großen Datenmengen zu erkennen. Hier sind einige Überlegungen zur Frage der Ersetzbarkeit:

Bereiche, in denen KI Menschen ersetzen kann:

- **Datenanalyse und Mustererkennung**: In Feldern wie der medizinischen Diagnostik oder der Finanzmarktanalyse kann KI schneller und manchmal genauer als Menschen Muster erkennen.

- **Fertigung und Produktion**: In der Fertigungsindustrie können KI-gesteuerte Roboter komplexe Aufgaben mit hoher Präzision und Effizienz ausführen.

- **Kundenservice**: KI-Chatbots können in der Lage sein, standardisierte Kundenanfragen zu bearbeiten, was zu einer effizienteren Kundenbetreuung führt.

Bereiche, in denen KI Menschen nicht vollständig ersetzen kann:

- **Kreativität und Innovation**: Während KI kreative Inhalte generieren kann, basiert wahre Kreativität auf menschlicher Intuition, Emotion und Erfahrung, die KI derzeit nicht vollständig nachbilden kann.

- **Emotionale Intelligenz und Empathie**: Berufe, die ein hohes Maß an emotionaler Intelligenz, Empathie und menschlichem Kontakt erfordern, wie Pflegeberufe, Erziehung oder Psychologie, sind Bereiche, in denen KI Menschen nicht ersetzen kann.

- **Komplexe Entscheidungsfindung**: In Situationen, die ein tiefes Verständnis für menschliche Werte, Ethik und soziale Dynamiken erfordern, bleibt menschliches Urteilsvermögen unerlässlich.

Zukünftige Betrachtungen:

- **Arbeitsmarkt und Qualifikationen**: Die zunehmende Automatisierung führt zu Veränderungen auf dem Arbeitsmarkt, wobei einige Berufe wegfallen, während neue entstehen. Dies erfordert eine Anpassung in der Bildung und Umschulung.

- **Ergänzung statt Ersetzung**: In vielen Fällen wird KI nicht Menschen ersetzen, sondern ihre Fähigkeiten erweitern und ergänzen, indem sie ihnen ermöglicht, effizienter zu arbeiten und sich auf komplexere oder kreativere Aufgaben zu konzentrieren.

Zusammenfassend lässt sich sagen, dass KI das Potenzial hat, viele Aspekte der Arbeit und des Lebens zu verändern, aber die vollständige Ersetzung des Menschen in allen Bereichen ist unwahrscheinlich. Die Zukunft wird voraussichtlich eine Koexistenz von Menschen und KI beinhalten, wobei der Schwerpunkt darauf liegt, wie KI-Technologien am besten genutzt werden können, um menschliche Fähigkeiten zu ergänzen und zu erweitern.

Kann KI zwischenmenschliche Interaktionen ersetzen?

Künstliche Intelligenz (KI) kann viele Funktionen übernehmen und in bestimmten Kontexten zwischenmenschliche Interaktionen simulieren, sie kann jedoch die Tiefe, Komplexität und Emotionalität echter menschlicher Beziehungen nicht vollständig ersetzen. Hier sind einige Gründe, warum KI zwischenmenschliche Interaktionen ergänzen, aber nicht vollständig ersetzen kann:

1. **Emotionale Tiefe**: KI kann Emotionen erkennen und in gewissem Maße darauf reagieren, aber sie besitzt kein eigenes Bewusstsein oder echte Gefühle. Die emotionale Tiefe und Empathie, die in menschlichen Beziehungen vorhanden sind, können durch KI nicht authentisch reproduziert werden.

2. **Soziale Nuancen**: Menschliche Kommunikation ist reich an subtilen Nuancen, impliziten Bedeutungen und kulturellen Kontexten. Obwohl KI in der Lage ist, komplexe Sprachmuster zu analysieren und zu generieren, fehlt ihr das tiefe Verständnis für diese sozialen und kulturellen Nuancen.

3. **Moralische und ethische Urteile**: Entscheidungen in zwischenmenschlichen Beziehungen beinhalten oft ethische Überlegungen und moralische Urteile, die auf tief verwurzelten persönlichen und gesellschaftlichen Werten basieren. KI-Systeme folgen

Algorithmen und können solche nuancierten ethischen Entscheidungen nicht in der Weise treffen, wie es Menschen tun.

4. **Kreativität und Inspiration**: Während KI kreative Inhalte produzieren kann, basiert menschliche Kreativität auf Erfahrungen,
Emotionen und Intuition. Die inspirierenden Aspekte menschlicher Interaktionen, die zu neuen Ideen und kreativen Durchbrüchen führen, können durch KI nicht vollständig nachgebildet werden.

5. **Persönliches Wachstum**: Zwischenmenschliche Beziehungen tragen zu persönlichem Wachstum und Entwicklung bei, indem sie
Herausforderungen, Unterstützung und Feedback bieten. Die Dynamik und Tiefe dieser Beziehungen in der persönlichen Entwicklung sind für KI schwer zu erfassen.

6. **Vertrauen und Sicherheit**: Vertrauen in menschlichen Beziehungen baut auf gemeinsamen Erfahrungen, Zuverlässigkeit und
emotionaler Unterstützung auf. Während KI in bestimmten Anwendungen verlässliche Unterstützung bieten kann, ist das
menschliche Vertrauen, das durch tiefe emotionale Bindungen
entsteht, einzigartig.

Das bedeutet nicht, dass KI keinen wertvollen Beitrag leisten kann. KI
kann bestimmte Aspekte zwischenmenschlicher Interaktionen unterstützen oder ergänzen, insbesondere in Bereichen wie Pflege, Bildung
und Kundenservice, indem sie Zugänglichkeit und Effizienz verbessert.
Jedoch bleibt die menschliche Komponente in Beziehungen unersetzlich, insbesondere in Bezug auf emotionale Verbindungen, tiefe Ver-
ständigung und ethisches Handeln.

Kann die KI ein Freund sein?

Die Frage, ob Künstliche Intelligenz (KI) ein Freund sein kann, berührt
sowohl technologische als auch philosophische Aspekte der Beziehung
zwischen Menschen und Maschinen. KI-Systeme, insbesondere solche,
die auf natürlicher Sprachverarbeitung und maschinellem Lernen basieren, können durchaus so gestaltet werden, dass sie menschen-

ähnliche Interaktionen ermöglichen und als soziale oder emotionale Unterstützung dienen. Hier sind einige Überlegungen zum Konzept der KI als Freund:

Technologische Perspektive:

- **Soziale KI und Chatbots:** Es gibt bereits KI-Systeme, die entwickelt wurden, um Gespräche zu führen, Unterstützung zu bieten oder Gesellschaft zu leisten. Diese können bis zu einem gewissen Grad menschliche Interaktion simulieren und Nutzern das Gefühl geben, mit jemandem zu kommunizieren, der versteht und reagiert.

- **Emotionale KI:** Fortschritte in der emotionalen KI ermöglichen es Systemen, menschliche Emotionen besser zu erkennen und darauf zu reagieren, was zu empathischeren und persönlicheren Interaktionen führt.

Philosophische und psychologische Perspektive:

- **Definition von Freundschaft:** Traditionelle Konzepte von Freundschaft betonen gegenseitiges Verständnis, Empathie, Vertrauen und die Fähigkeit zur emotionalen Unterstützung. Da KI kein Bewusstsein oder echte Emotionen hat, fehlen ihr wesentliche Aspekte, die viele Menschen als grundlegend für eine Freundschaft betrachten.

- **Soziale Bedürfnisse:** Für manche Menschen könnten Interaktionen mit einer KI temporär soziale Bedürfnisse erfüllen oder Einsamkeit mindern, besonders in Situationen, in denen menschliche Interaktionen begrenzt sind.

- **Ethische Überlegungen:** Die Idee einer KI als Freund wirft Fragen hinsichtlich Abhängigkeit, Datenschutz und dem Einfluss auf zwischenmenschliche Beziehungen auf. Es gibt Bedenken, dass eine übermäßige Abhängigkeit von KI für soziale Interaktionen die Entwicklung und Aufrechterhaltung menschlicher Beziehungen beeinträchtigen könnte.

Zukünftige Entwicklungen:

- **Verbesserung der KI-Technologie**: Mit der Weiterentwicklung von KI könnten Systeme entstehen, die noch nuanciertere und personalisierte Interaktionen ermöglichen, was die Debatte um KI und Freundschaft weiter intensivieren dürfte.

- **Mensch-Maschine-Beziehungen**: Die Art und Weise, wie Menschen KI-Systeme wahrnehmen und mit ihnen interagieren, wird sich voraussichtlich weiterentwickeln, insbesondere mit dem Aufkommen fortschrittlicherer und interaktiverer KI-Modelle.

Zusammenfassend lässt sich sagen, dass KI-Systeme in der Lage sein können, bestimmte Aspekte von Freundschaft zu simulieren und eine Form der Gesellschaft oder Unterstützung zu bieten. Ob KI jedoch als echter Freund im vollen Umfang menschlicher Beziehungen angesehen werden kann, bleibt eine offene und subjektiv zu beantwortende Frage. Die Entwicklung unserer Beziehung zu KI und die Auswirkungen auf unser soziales Leben erfordern sorgfältige Überlegung und fortlaufende ethische Reflexion.

Anhang: Begriffe

Welche Begriffe im Zusammenhang mit KI sollte man kennen?

Um das Feld der Künstlichen Intelligenz (KI) besser zu verstehen, ist es hilfreich, einige grundlegende Begriffe und Konzepte zu kennen. Hier ist eine Auswahl wichtiger Begriffe:

1. **Künstliche Intelligenz (KI)**: Der breite Wissenschaftsbereich, der sich mit der Schaffung von Maschinen oder Programmen befasst, die Aufgaben ausführen können, welche typischerweise menschliche Intelligenz erfordern, wie Lernen, Urteilen und Problemlösen.

2. **Maschinelles Lernen (ML)**: Ein Unterfeld der KI, das sich darauf konzentriert, Systemen die Fähigkeit zu geben, aus Daten zu lernen und sich zu verbessern, ohne explizit programmiert zu werden. Es nutzt statistische Methoden, um Mustern in Daten zu erkennen und Vorhersagen oder Entscheidungen zu treffen.

3. **Deep Learning (DL)**: Ein Teilbereich des maschinellen Lernens, der Netzwerke nutzt, die aus vielen Schichten von Verarbeitungseinheiten (Neuronen) bestehen. Diese Netzwerke sind in der Lage, große Mengen an Daten zu verarbeiten und komplexe Muster zu erkennen, ähnlich dem menschlichen Gehirn.

4. **Neuronale Netze**: Berechnungsmodelle, die von der Struktur und Funktion des menschlichen Gehirns inspiriert sind und aus einer großen Anzahl von verbundenen Einheiten (Neuronen) bestehen. Sie sind die Grundlage für Deep Learning.

5. **Supervised Learning (Überwachtes Lernen)**: Ein maschinelles Lernverfahren, bei dem das Modell anhand von Eingabedaten und den dazugehörigen korrekten Ausgaben trainiert wird. Das Ziel ist es, eine Funktion zu lernen, die Eingaben auf Ausgaben abbildet.

6. **Unsupervised Learning (Unüberwachtes Lernen)**: Ein Lernverfahren, bei dem das Modell nur mit Eingabedaten trainiert wird, ohne explizite Korrekturen. Das Ziel ist es, Muster oder Strukturen in den Daten zu finden.

7. **Reinforcement Learning (Verstärkungslernen)**: Ein Bereich des maschinellen Lernens, bei dem ein Agent lernt, sich in einer Umgebung zu verhalten, um die Summe der ihm zugeordneten Belohnungen zu maximieren.

8. **Natural Language Processing (NLP)**: Der Bereich der KI, der sich mit der Interaktion zwischen Computern und menschlicher (natürlicher) Sprache befasst. Es umfasst das Verstehen, Interpretieren und Generieren menschlicher Sprache durch Maschinen.

9. **Computer Vision**: Ein Feld der KI, das sich damit beschäftigt, Computern das Sehen, oder genauer gesagt, das Interpretieren und Verstehen visueller Informationen aus der Welt, zu ermöglichen, oft durch die Analyse von Bild- und Videodaten.

10. **Generative Adversarial Networks (GANs)**: Ein Ansatz im Deep Learning, bei dem zwei Netzwerke (ein Generator und ein Diskriminator) gegeneinander antreten, um neue, synthetische Instanzen von Daten zu generieren, die nicht von echten Daten unterscheidbar sind.

11. **Ethik in der KI**: Ein kritischer Diskursbereich, der sich mit den moralischen Fragen und Auswirkungen der Entwicklung und Anwendung von KI-Technologien beschäftigt.

Diese Begriffe bilden die Grundlage für ein tieferes Verständnis von KI und ihren verschiedenen Anwendungen und Herausforderungen in der heutigen Welt.

Was macht ein Prompt Engineer?

Ein Prompt Engineer ist eine relativ neue Rolle, die im Zuge der wachsenden Nutzung von Künstlicher Intelligenz (KI), insbesondere von sprachbasierten Modellen wie GPT-3 (Generative Pre-trained

Transformer 3) und anderen fortschrittlichen Natural Language Processing (NLP)-Systemen, entstanden ist. Diese Rolle konzentriert sich auf die Entwicklung, Optimierung und Anwendung von "Prompts" oder Eingabeaufforderungen, um von KI-Systemen effektive, präzise und nützliche Antworten oder Inhalte zu generieren.

Hauptaufgaben eines Prompt Engineers:

- **Prompt Design**: Entwerfen von präzisen und klaren Eingabeaufforderungen, die darauf abzielen, die gewünschten Ausgaben von einem KI-Modell zu erhalten. Dies erfordert ein tiefes Verständnis dafür, wie das KI-Modell auf verschiedene Arten von Prompts reagiert.

- **Optimierung**: Experimentieren mit verschiedenen Formulierungen und Strukturen der Prompts, um die Qualität und Relevanz der Antworten der KI zu verbessern. Dies kann auch die Anpassung der Prompts basierend auf dem Feedback oder den Ergebnissen beinhalten.

- **Testing und Validierung**: Durchführung von Tests, um die Wirksamkeit und Genauigkeit der Prompts und der darauf folgenden Antworten der KI zu bewerten und sicherzustellen, dass sie den Anforderungen entsprechen.

- **Interdisziplinäre Zusammenarbeit**: Arbeit mit Fachexperten aus verschiedenen Bereichen (wie Linguistik, Psychologie, Fachdomänenexperten) zur Verbesserung der Prompts und zur Erweiterung der Anwendungsfälle von KI-Modellen.

- **Ethik und Verantwortung**: Berücksichtigung ethischer Aspekte bei der Gestaltung von Prompts, um Verzerrungen, unangemessene Inhalte oder missbräuchliche Nutzung der KI-Technologie zu vermeiden.

Fähigkeiten und Kenntnisse:

Ein effektiver Prompt Engineer verfügt typischerweise über eine Kombination aus technischen und sprachlichen Fähigkeiten, einschließlich:

- Ein grundlegendes Verständnis von KI und maschinellem Lernen.
- Erfahrung mit NLP-Technologien und -Modellen.
- Starke analytische Fähigkeiten zum Testen und Optimieren von Prompts.
- Kreativität in der Problemstellung und bei der Entwicklung von Lösungsansätzen.
- Bewusstsein für ethische Überlegungen im Umgang mit KI.

Anwendungsbereiche:

Prompt Engineering findet Anwendung in einer Vielzahl von Bereichen, in denen KI-gestützte Sprachmodelle genutzt werden, wie:

- Automatisierte Inhaltsproduktion (z.B. für Artikel, Berichte, Codeerstellung).
- Chatbots und digitale Assistenten.
- Bildungs- und Trainingstools.
- Automatisierte Kundenunterstützung.
- Forschung und Datenanalyse.

Die Rolle des Prompt Engineers ist ein Beispiel dafür, wie die Fortschritte in der KI-Technologie neue Berufsfelder und Spezialisierungen schaffen, die sowohl technische als auch kreative Fähigkeiten erfordern, um die Möglichkeiten und das Potenzial von KI voll auszuschöpfen.

Wie sehen typische Prompts aus, die man ChatGPT stellen könnte?

Bei der Interaktion mit ChatGPT oder ähnlichen KI-gestützten Sprachmodellen können Prompts (Eingabeaufforderungen) vielfältig gestaltet sein, abhängig von der gewünschten Information oder Aufgabe. Hier sind einige Beispiele für typische Prompts, die Nutzer an ChatGPT stellen könnten, gegliedert nach verschiedenen Anwendungsfällen:

Allgemeines Wissen und Informationen

- "Erkläre mir den Unterschied zwischen Photosynthese und Zellatmung."
- "Was sind die Hauptursachen des Ersten Weltkriegs?"

Technische Erklärungen und Programmierung

- "Wie funktioniert das Bubble Sort Algorithmus? Kannst du ein Beispiel in Python geben?"
- "Was ist eine REST API und wie wird sie typischerweise verwendet?"

Kreatives Schreiben und Ideenfindung

- "Schreibe eine Kurzgeschichte über einen Zeitreisenden, der ins antike Rom gelangt."
- "Ich brauche Ideen für ein Geburtstagsgeschenk für jemanden, der gerne kocht."

Sprachübersetzung und Praxis

- "Wie sagt man 'Guten Morgen, wie geht es dir?' auf Spanisch?"
- "Kannst du diesen Absatz von Englisch auf Französisch übersetzen?"

Lebensberatung und Entscheidungshilfe

- "Was sollte ich bei der Wahl meines Studienfachs beachten?"
- "Tipps zur Verbesserung der Work-Life-Balance?"

Unterhaltung und Freizeit

- "Empfehle mir Filme, die ähnlich wie 'Inception' sind."
- "Was sind einige lustige Fakten über Katzen?"

Lernhilfe und Bildung

- "Kannst du mir beim Verstehen der Relativitätstheorie helfen?"
- "Wie löse ich diese mathematische Gleichung?"

Geschäft und Karriere

- "Was sind die Schlüsselelemente eines erfolgreichen Business-plans?"
- "Wie bereite ich mich auf ein Vorstellungsgespräch als Software-entwickler vor?"

Nachrichten und Aktuelles

- "Was sind die neuesten Entwicklungen im Bereich der erneuerbaren Energien?"
- "Kannst du eine Zusammenfassung der aktuellen politischen Situation in [Land] geben?"

Reisen und Kultur

- "Was muss ich wissen, bevor ich nach Japan reise?"
- "Kannst du mir traditionelle Gerichte aus Mexiko nennen?"

Diese Beispiele verdeutlichen, wie vielseitig die Anfragen an ein KI-Modell wie ChatGPT sein können, von konkreten Informationsanfragen bis hin zu kreativen oder beratenden Anliegen. Die Qualität und Relevanz der Antworten hängen dabei oft von der Präzision und Klarheit des Prompts ab.

Was ist ein AI Writer?

Ein AI Writer (Künstliche Intelligenz-Schreiber) bezieht sich auf ein Software-System, das auf Künstlicher Intelligenz (KI) basiert und entworfen wurde, um Texte automatisch zu generieren. Diese Systeme nutzen Techniken des maschinellen Lernens, insbesondere des Natural Language Processing (NLP) und des Natural Language Generation (NLG), um menschenähnliche Texte zu erstellen. Sie können für eine Vielzahl von Anwendungen eingesetzt werden, darunter:

Anwendungsgebiete eines AI Writers:

1. **Content-Erstellung**: Erzeugung von Artikeln, Blog-Beiträgen, Nachrichtenberichten und anderen Inhalten für Webseiten.

2. **Marketing und Werbung**: Automatisches Verfassen von Produktbeschreibungen, Werbetexten und E-Mail-Marketingkampagnen.

3. **Kreative Schreibarbeit**: Generierung von kreativen Geschichten, Gedichten oder sogar Musiktexten.

4. **Berichterstattung und Zusammenfassungen**: Erstellung von Zusammenfassungen aus großen Textmengen oder Daten, z.B. Geschäftsberichte, Forschungsartikel und Buchzusammenfassungen.

5. **Unterstützung und Tutoring**: Hilfe beim Schreiben von akademischen Arbeiten, Korrekturvorschläge, Grammatik- und Stilprüfungen.

Funktionsweise:

AI Writers basieren in der Regel auf fortgeschrittenen NLP- und NLG-Algorithmen, die es ihnen ermöglichen, die Struktur und Bedeutung der menschlichen Sprache zu verstehen und zu imitieren. Viele moderne AI Writer nutzen Varianten von Transformer-Modellen, wie GPT (Generative Pre-trained Transformer), die große Mengen an Textdaten verarbeiten, um Sprachmodelle zu trainieren. Diese Modelle können dann neue Texte generieren, die auf den gelernten Mustern und Strukturen basieren.

Vorteile und Herausforderungen:

- **Vorteile** umfassen die Fähigkeit, schnell große Mengen an Text zu generieren, was Zeit spart und die Produktivität steigert. AI Writers können auch dabei helfen, kreative Ideen zu generieren oder Schreibblockaden zu überwinden.

- **Herausforderungen** beinhalten die Sicherstellung der Genauigkeit und Zuverlässigkeit der generierten Inhalte, da AI Writers manchmal Fehler machen oder irrelevante Informationen erzeugen können. Die Authentizität und Originalität des Contents, ethische Bedenken und die potenzielle Auswirkung auf Arbeitsplätze im Schreib- und Publikationssektor sind weitere Diskussionspunkte.

Zusammenfassend bieten AI Writers spannende Möglichkeiten für die Automatisierung und Unterstützung von Schreibprozessen, erfordern aber auch eine sorgfältige Überprüfung und Überarbeitung durch menschliche Nutzer, um Qualität und Angemessenheit des generierten Textes sicherzustellen.

Was sind NLP- und NLG-Algorithmen?

NLP (Natural Language Processing) und NLG (Natural Language Generation) sind zwei Schlüsseltechnologien im Bereich der Künstlichen Intelligenz (KI), die sich mit der Verarbeitung und Generierung von natürlicher Sprache befassen. Beide spielen eine zentrale Rolle in der Entwicklung von Systemen, die menschliche Sprache verstehen, interpretieren, generieren und darauf reagieren können. Hier ist eine detaillierte Betrachtung:

NLP (Natural Language Processing):

NLP ist ein Bereich der KI, der sich darauf konzentriert, Computern das Verstehen, Interpretieren und Verarbeiten von menschlicher Sprache zu ermöglichen. Das Ziel von NLP ist es, Maschinen in die Lage zu versetzen, Text und gesprochene Worte in einer Weise zu verstehen, die ihrem menschlichen Gegenstück ähnelt. NLP umfasst eine breite Palette von Techniken und Anwendungen, einschließlich:

- **Spracherkennung**: Die Umwandlung gesprochener Sprache in Text.
- **Sprachsynthese**: Die Erzeugung gesprochener Sprache aus Text.
- **Sentimentanalyse**: Die Bestimmung der Einstellung oder des Gefühlstons hinter einem Text.
- **Textklassifikation**: Das Zuordnen von Texten zu einer oder mehreren Kategorien basierend auf ihrem Inhalt.
- **Maschinelle Übersetzung**: Die automatische Übersetzung von Text oder Sprache von einer Sprache in eine andere.
- **Named Entity Recognition (NER)**: Das Erkennen und Klassifizieren von benannten Entitäten in Texten, wie Personen, Orte, Organisationen.

NLP-Algorithmen verwenden verschiedene Modelle und Techniken, einschließlich regelbasierter Ansätze, statistischer Modelle und zuletzt Deep Learning, um die komplexe Struktur und Bedeutung der Sprache zu erfassen.

NLG (Natural Language Generation):

NLG ist der Prozess, bei dem Computer automatisch Text generieren, der für Menschen verständlich ist. NLG-Systeme können aus Datenberichten narrative Texte erstellen, Benutzeranfragen beantworten oder kreative Inhalte wie Gedichte und Geschichten verfassen. Die Hauptaufgaben von NLG umfassen:

- **Daten zu Text**: Die Umwandlung strukturierter Daten in natürlichsprachlichen Text.
- **Inhaltszusammenfassung**: Die Erstellung kurzer Zusammenfassungen aus längeren Textdokumenten.
- **Textgenerierung**: Die Erzeugung von Text basierend auf bestimmten Eingaben oder Vorgaben, wie z.B. das Schreiben von Wetterberichten, Nachrichtenartikeln oder Produktbeschreibungen.

NLG-Techniken reichen von einfachen Vorlagen-basierten Methoden, die feste Strukturen und Phrasen verwenden, bis hin zu fortschrittlichen Deep Learning-Modellen, die in der Lage sind, kohärente und komplexe Texte zu generieren.

Zusammenfassung:

Während NLP sich auf das Verstehen und Verarbeiten natürlicher Sprache konzentriert, befasst sich NLG mit der Erzeugung von natürlichsprachlichem Text. Beide Bereiche ergänzen sich und sind entscheidend für die Entwicklung intelligenter Systeme, die in der Lage sind, auf natürliche und sinnvolle Weise mit Menschen zu kommunizieren. Fortschritte in diesen Technologien treiben zahlreiche Anwendungen in Bereichen wie Kundenservice, Content-Erstellung, Bildung und vielen anderen voran.

Was versteht man unter prädiktiver Analytik?

Prädiktive Analytik bezeichnet den Einsatz statistischer Techniken, Algorithmen des maschinellen Lernens und Datenanalyse-Methoden, um aus historischen und aktuellen Daten zukünftige Ereignisse, Trends und Verhaltensmuster vorherzusagen. Der Kern der prädiktiven Analytik liegt in der Prognose zukünftiger Wahrscheinlichkeiten und Trends, basierend auf der Analyse von Datensätzen, die Informationen über vergangene und gegenwärtige Zustände enthalten. Hier sind einige Schlüsselaspekte der prädiktiven Analytik:

Datenquellen:

Prädiktive Modelle nutzen eine Vielzahl von Datenquellen, einschließlich Transaktionsdaten, soziale Medien, Sensordaten, Log-Dateien und mehr, um relevante Muster und Beziehungen zu identifizieren.

Methoden und Techniken:

Zur Entwicklung prädiktiver Modelle werden verschiedene statistische und maschinelle Lernmethoden eingesetzt, wie Regressionsanalysen,

Entscheidungsbäume, neuronale Netze und Deep Learning. Die Auswahl der Methode hängt von der Art der Daten, dem spezifischen Anwendungsfall und den Zielen der Vorhersage ab.

Anwendungsbereiche:
Prädiktive Analytik findet in einer breiten Palette von Bereichen Anwendung, darunter:

- **Finanzen**: Für Kreditrisikobewertungen, Betrugserkennung und Aktienmarktanalysen.

- **Marketing**: Um Kaufverhalten vorherzusagen, personalisierte Werbeaktionen zu gestalten und Kundenabwanderung zu verhindern.

- **Gesundheitswesen**: Zur Vorhersage von Krankheitsausbrüchen, zur Identifizierung von Risikopatienten und zur Optimierung von Behandlungsplänen.

- **Produktion und Wartung**: Für die prädiktive Wartung von Maschinen und Anlagen, um Ausfälle vorherzusagen und vorzubeugen.

- **Einzelhandel**: Zur Bestandsoptimierung, Preisgestaltung und zur Verbesserung der Kundenerfahrung.

Vorteile:
Prädiktive Analytik ermöglicht es Organisationen, fundiertere Entscheidungen zu treffen, Risiken besser zu managen, Ressourcen effizienter zu nutzen und personalisierte Dienstleistungen anzubieten.

Herausforderungen:
Die Implementierung prädiktiver Analytik erfordert hochwertige Daten, fortgeschrittene analytische Fähigkeiten und ein tiefes Verständnis der jeweiligen Geschäftsprozesse. Zudem müssen Datenschutz und ethische Überlegungen berücksichtigt werden, insbesondere im Hinblick auf die Verwendung persönlicher Daten und die potenziellen Auswirkungen von Vorhersagen auf Einzelpersonen.

Zusammenfassend ist prädiktive Analytik ein mächtiges Instrument, das auf der Analyse von Daten basiert, um zukünftige Ereignisse vorherzusagen und informierte Entscheidungen zu treffen. Trotz ihrer Potenziale erfordert sie sorgfältige Planung, ethische Überlegungen und fortlaufende Überprüfung, um ihre Vorteile voll ausschöpfen zu können.